BRICS: L'Emergere di un Nuovo Ordine Mondiale

Un'Analisi Approfondita delle Cinque Potenze Emergenti - Brasile, Russia, India, Cina e Sudafrica - e il Loro Impatto sul Futuro Globale

Geopolitica Oggi

1. **Introduzione alle BRICS**

   - Definizione e storia delle BRICS (Brasile, Russia, India, Cina, Sudafrica).

2. **Economia delle BRICS**

   - Analisi delle economie di ogni membro e impatto globale.

3. **Politica delle BRICS**

   - Esame delle politiche interne ed esterne dei paesi BRICS.

4. **Rapporti Internazionali**

   - Analisi delle relazioni tra le BRICS e altri attori globali.

5. **Nuovo Ordine Mondiale**

   - Definizione e concetti chiave del nuovo ordine mondiale.

6. **Impatto delle BRICS sul Nuovo Ordine Mondiale**

   - Come le BRICS stanno modellando il nuovo ordine mondiale.

7. **Tecnologia e Innovazione**

   - Ruolo delle BRICS nello sviluppo tecnologico e nell'innovazione.

8. **Sviluppo Sostenibile**

   - Politiche e pratiche di sviluppo sostenibile adottate dalle BRICS.

9. **Disuguaglianze e Disparità**

   - Esame delle disuguaglianze e disparità all'interno e tra i paesi BRICS.

10. **Conflitti e Cooperazione**

    - Analisi dei conflitti e delle aree di cooperazione tra i membri delle BRICS.

11. **Cambiamento Climatico**

    - Ruolo e responsabilità delle BRICS nel contesto del cambiamento climatico.

12. **Strategie di Difesa e Sicurezza**

    - Politiche di difesa e sicurezza delle BRICS nel nuovo ordine mondiale.

13. **Cultura e Società**

    - Impatto delle culture e delle società delle BRICS sul mondo.

- Riflessioni finali sul ruolo delle BRICS nel nuovo ordine mondiale e possibili scenari futuri.

1. Introduzione alle BRICS • Definizione e storia delle BRICS (Brasile, Russia, India, Cina, Sudafrica).

1. Introduzione alle BRICS

Definizione e Storia delle BRICS (Brasile, Russia, India, Cina, Sudafrica)

A. Definizione

Le BRICS rappresentano un'associazione di cinque grandi economie emergenti a livello globale: Brasile, Russia, India, Cina e Sudafrica. L'acronimo "BRICS" è derivato dalle iniziali dei nomi di questi paesi. La cooperazione tra i membri delle BRICS è incentrata su vari ambiti, inclusi lo sviluppo economico, la politica e la diplomazia, e le questioni legate alla sicurezza.

B. Storia

- **Primi anni e Formazione:**

    - La cooperazione iniziale era concentrata tra quattro paesi (Brasile, Russia, India e Cina) prima dell'ingresso del Sudafrica nel 2010.

    - L'idea di un'associazione tra grandi economie emergenti è stata formulata per la prima volta nel 2001 dallo studioso economista Jim O'Neill, che ha coniato l'acronimo "BRIC" (prima dell'inclusione del Sudafrica).

- **Sviluppo delle BRICS:**

    - Dal primo incontro di ministri delle finanze in Germania nel 2006, i paesi hanno riconosciuto l'importanza di un'associazione costruttiva.

    - La prima riunione al vertice delle BRIC si è tenuta a Yekaterinburg, in Russia, nel 2009, segnando una tappa fondamentale nella formalizzazione della collaborazione tra i paesi.

- **Ingresso del Sudafrica:**

    - Nel 2010, il Sudafrica è stato invitato a unirsi al gruppo, e l'acronimo è stato modificato da "BRIC" a "BRICS".

    - L'inclusione del Sudafrica ha introdotto una nuova dinamica all'interno del gruppo e ha ampliato il suo impatto e raggio d'azione, soprattutto in relazione all'Africa e ai paesi in via di sviluppo.

C. Evoluzione

- **Cooperazione Economica:**

  - Le BRICS hanno lavorato sulla promozione della crescita economica e dello sviluppo sostenibile tra i paesi membri e a livello globale.

- **Piattaforma Politica e Diplomatica:**

  - Oltre alla collaborazione economica, le BRICS hanno offerto una piattaforma per la discussione e la cooperazione su questioni politiche e diplomatiche.

- **Influenza Globale:**

  - Con il passare del tempo, le BRICS hanno ampliato il loro raggio d'azione, avendo un impatto significativo sulle dinamiche globali, grazie anche alla loro crescente influenza economica e politica.

- **Sfide e Criticità:**

  - Le BRICS, pur essendo un potente blocco economico, affrontano diverse sfide e criticità, tra cui disuguaglianze interne, divergenze politiche e differenze in termini di obiettivi e metodologie.

D. Obiettivi

- **Rafforzare la Cooperazione:**

  - L'obiettivo principale delle BRICS è quello di rafforzare la cooperazione tra i paesi membri e di far fronte comune su questioni globali.

- **Promuovere lo Sviluppo:**

  - Le BRICS puntano a promuovere lo sviluppo economico e sociale sia a livello nazionale che globale.

- **Equità nel Sistema Globale:**

  - Lavorare per un ordine mondiale più equo e rappresentativo, sfidando l'ordine esistente e proponendo nuove dinamiche e strutture.

Questo primo punto fornisce una panoramica complessiva delle BRICS, gettando le basi per ulteriori discussioni e analisi che possono essere sviluppate nei capitoli successivi del tuo libro. Ciascun sotto-punto può essere esplorato ulteriormente, con dati, fatti, analisi e interviste per arricchire la narrazione e fornire una comprensione profonda e olistica dell'argomento.

Introduzione alle BRICS: Profondizzazioni ed Ulteriori Aspetti

Dimensioni Geostrategiche

Le BRICS non solo costituiscono un blocco economico influente ma hanno anche un'importante posizione geostrategica nel mondo. La loro dislocazione geografica e le relative sfere di influenza regionale hanno un impatto significativo sugli equilibri politici ed economici mondiali. Ad esempio, la Cina è un attore chiave nell'Asia-Pacifica, mentre il Brasile ha una posizione di rilievo in America Latina. Ogni membro, quindi, porta con sé non solo il peso della propria economia ma anche delle proprie relazioni regionali e delle alleanze strategiche.

Sfaccettature Culturali

La diversità culturale tra Brasile, Russia, India, Cina e Sudafrica è notevole e si manifesta attraverso lingua, religione, tradizioni e norme sociali. Questa pluralità culturale influisce sulla diplomazia e sulle decisioni politiche all'interno del blocco, generando dinamiche interessanti e complesse. La varietà e la ricchezza delle culture rappresentano allo stesso tempo una sfida e un'opportunità per la cooperazione tra i membri delle BRICS.

Divergenze Politiche

Nonostante la coesione in alcune aree, esistono significative divergenze politiche tra i paesi BRICS, le quali si manifestano in termini di governance interna, politica estera e ideologie politiche. Ad esempio, mentre l'India è la più grande democrazia del mondo, la Cina è guidata da un unico partito. Queste differenze possono influenzare la coesione del gruppo e la sua abilità di presentarsi come un'entità unita su questioni internazionali.

Risorse Naturali e Ambientali

Le BRICS sono dotate di abbondanti risorse naturali, tra cui petrolio, gas naturale, minerali e biodiversità. L'uso e la gestione di queste risorse sono cruciali sia per le economie nazionali sia per l'equilibrio ecologico globale. L'approccio alla gestione delle risorse e all'ambiente è un altro aspetto che può sia unire sia dividere i membri delle BRICS, date le loro diverse esigenze, priorità e sfide ambientali.

Dinamiche Demografiche

Anche le dinamiche demografiche nei paesi BRICS sono di notevole interesse. Ad esempio, l'India e il Brasile hanno una popolazione relativamente giovane, mentre la Cina sta affrontando l'invecchiamento demografico. Queste dinamiche influenzano la manodopera, la produttività, i mercati dei consumatori e le politiche sociali, e dunque rappresentano un importante fattore che modella le strategie nazionali e interne di ogni paese.

Ricerca e Sviluppo (R&S)

Le BRICS sono attivamente impegnate nella ricerca e sviluppo. La Cina, in particolare, ha fatto investimenti significativi in settori come l'intelligenza artificiale e la tecnologia 5G. Il focus su R&S può rappresentare una piattaforma per la collaborazione all'interno delle BRICS, dove la condivisione di conoscenze e l'innovazione possono spianare la strada a soluzioni condivise a problemi comuni.

Sicurezza Collettiva

Il concetto di sicurezza collettiva ha assunto rilevanza nelle discussioni all'interno delle BRICS, che cercano di navigare attraverso le sfide della sicurezza globale mantenendo un equilibrio tra autonomia nazionale e cooperazione multilaterale. I membri delle BRICS collaborano su varie questioni di sicurezza, pur mantenendo una certa cautela per preservare la propria sovranità e autonomia decisionale.

Educazione e Competenze

L'educazione e lo sviluppo delle competenze sono fondamentali per supportare la crescita economica e l'innovazione. Ciascun paese BRICS ha le proprie sfide e obiettivi in questo settore, che spaziano dall'istruzione di base alla formazione avanzata e allo sviluppo delle competenze del 21° secolo.

Questi sono solo alcuni aspetti che potrebbero essere ulteriormente esplorati e sviluppati in un'analisi dettagliata delle BRICS. Ogni sottosezione può essere approfondita con dati, storie e analisi per creare una comprensione multidimensionale delle BRICS, offrendo al lettore una vista panoramica e, allo stesso tempo, dettagliata del blocco e delle sue dinamiche. Ogni elemento potrebbe essere esplorato anche attraverso interviste con esperti, analisi di politiche specifiche, e esplorazione di scenari futuri.

Investimenti e Flussi Finanziari

Le BRICS svolgono un ruolo essenziale nel panorama finanziario globale. I flussi finanziari e gli investimenti diretti esteri nei e dai paesi BRICS sono diventati un elemento chiave nel sostegno alla crescita economica mondiale. La Banca dei BRICS, formalmente nota come Nuova Banca di Sviluppo (NDB), è un esempio notevole di come questi paesi stiano cercando di costruire istituzioni parallele che riflettano e sostennero le loro aspirazioni e priorità di sviluppo.

Questioni Legali e di Normativa

Le questioni legali e normative nei paesi BRICS sono variegate e influenzano l'ambiente degli affari e degli investimenti. Le differenze nella regolamentazione, negli standard, nelle politiche di mercato e nelle leggi del lavoro sono temi rilevanti che necessitano di uno studio attento per chiunque desideri comprendere il funzionamento interno e le dinamiche delle BRICS, tanto individualmente quanto come blocco.

Dinamiche del Mercato del Lavoro

Il mercato del lavoro nei paesi BRICS rappresenta un altro ambito che merita un esame dettagliato. Ad esempio, mentre l'India e il Brasile stanno affrontando sfide relative ad una forza lavoro in crescita e alla necessità di creare nuove opportunità di lavoro, la Russia e la Cina stanno navigando attraverso i cambiamenti demografici e un invecchiamento della popolazione attiva.

Salute Pubblica

Il settore della salute pubblica nei paesi BRICS è un altro terreno fertile per la ricerca e l'analisi, soprattutto alla luce delle sfide emerse durante la pandemia di COVID-19. I diversi modi in cui ciascun paese ha affrontato la crisi sanitaria, le rispettive risposte ai vaccini e le strategie di distribuzione offrono spunti interessanti sulle priorità nazionali e sulla capacità di gestione delle emergenze.

Relazioni con Altri Blocchi Economici

L'interazione delle BRICS con altri blocchi economici e politici, come l'Unione Europea, l'ASEAN o il G7, è un altro aspetto che può essere esaminato per capire come queste dinamiche influenzino la geopolitica globale e la cooperazione internazionale. Ciò include anche le alleanze strategiche, le tensioni e le collaborazioni con altre economie emergenti e nazioni sviluppate.

Turismo e Scambi Culturali

Il turismo e gli scambi culturali tra i paesi BRICS e il resto del mondo offrono un ricco terreno per esplorare come la cultura, l'arte e le tradizioni vengano condivise e celebrate. Ciascun paese delle BRICS ha un patrimonio culturale unico e un panorama turistico distintivo che può servire come ponte per rafforzare i legami e promuovere la comprensione reciproca.

Relazioni Diplomatiche Intricate

Anche se le BRICS come entità condividono certi obiettivi comuni, le relazioni bilaterali tra i membri sono caratterizzate da complessità e sfaccettature diverse. Per esempio, le relazioni India-Cina sono impregnate di sfide e opportunità, che esistono in parallelo agli obiettivi comuni perseguiti attraverso il forum delle BRICS.

Infrastrutture e Progetti di Sviluppo

Il ruolo delle BRICS nello sviluppo delle infrastrutture - sia a livello nazionale che nei paesi terzi, particolarmente attraverso iniziative come la Belt and Road Initiative (BRI) della Cina - è un altro fattore che può essere esaminato per comprendere come questi paesi stiano cercando di espandere la loro influenza e promuovere la connettività.

Cambiamenti Climatici e Sostenibilità

La posizione delle BRICS nei confronti dei cambiamenti climatici e della sostenibilità, e le rispettive politiche nazionali e impegni internazionali in materia ambientale, meritano un'analisi approfondita per comprendere le strategie e le priorità di questi paesi in un contesto globale.

Continuare a esplorare ciascuno di questi aspetti offrirebbe una vista a 360 gradi delle BRICS, permettendo di sondare le dinamiche interne ed esterne che modellano questo influente blocco economico e politico. Inoltre, esaminare come questi temi siano intrecciati e si influenzino a vicenda fornirà uno spaccato ancora più profondo delle sfide e delle opportunità che emergono dalle interazioni tra Brasile, Russia, India, Cina e Sudafrica.

Economie Digitali e Ciber-Sicurezza

L'evoluzione delle economie digitali nei paesi BRICS rivela una gamma di dinamiche che influenzano tanto lo sviluppo interno quanto le relazioni esterne. Mentre la Cina è un gigante nella tecnologia digitale e nell'e-commerce, gli altri paesi BRICS stanno anch'essi esplorando e implementando avanzamenti nel settore digitale. Di pari passo, le questioni di ciber-sicurezza, protezione dei dati e privacy diventano cruciali, specialmente considerando le diverse postura e politiche che ciascun paese adotta in relazione alla cibernetica e alla digitalizzazione.

Diritti Umani e Questioni Sociali

Le problematiche relative ai diritti umani e alle questioni sociali nelle nazioni BRICS offrono un ulteriore campo d'indagine. Ogni paese ha specifiche sfide e contesti in merito a diritti civili, parità di genere, diritti dei lavoratori e inclusione sociale che possono influenzare tanto la politica interna quanto la percezione e le relazioni internazionali.

Agroindustria e Sicurezza Alimentare

L'agroindustria e la sicurezza alimentare rappresentano altri aspetti vitali da esplorare. Considerando che i paesi BRICS giocano un ruolo significativo nella produzione alimentare mondiale, capire come gestiscono la produzione, distribuzione e sicurezza alimentare, non solo per i propri cittadini ma anche in una prospettiva di mercato globale, è fondamentale.

Militarizzazione e Difesa

L'analisi dei programmi di militarizzazione e delle strategie di difesa dei paesi BRICS apre una finestra sulle dinamiche di potere e sicurezza. Ogni membro ha una propria percezione delle minacce, obiettivi di difesa e alleanze militari, che contribuiscono a formare una rete complessa di cooperazione e, talvolta, di tensione anche all'interno del blocco.

Migrazione e Mobilità

I fenomeni di migrazione e la mobilità della manodopera tra e all'interno dei paesi BRICS sono altrettanto significativi. Dall'India e la Cina, noti per la significativa diaspora globale, al Brasile e al Sudafrica, che affrontano questioni di migrazione interna e regionale, esplorare come la mobilità delle persone influenzi l'economia e la società diventa rilevante.

Religione e Identità Nazionale

Le questioni di religione e identità nazionale, e come queste siano intrecciate con la politica e la società in ciascun paese BRICS, rappresentano un altro ambito di analisi. La coesistenza di diverse religioni e credenze e il ruolo che queste giocano nel modellare le politiche

nazionali e internazionali, nonché le relazioni inter-
statali, sono temi che possono essere accuratamente
esplorati.

Politiche Energetiche e Risorse

Le politiche energetiche e l'uso delle risorse nei paesi
BRICS, sia in termini di consumo interno che di
esportazioni, offrono spunti per capire le dinamiche di
sviluppo e i pattern di commercio internazionale.
L'accesso all'energia e la gestione delle risorse naturali
diventano fulcri nei negoziati internazionali e nella
definizione delle strategie di sviluppo sostenibile.

Disuguaglianze Sociali ed Economiche

Le disuguaglianze sociali ed economiche all'interno dei
paesi BRICS rappresentano un'ulteriore dimensione
cruciale. Mentre tutti e cinque i paesi hanno mostrato
una crescita economica significativa, vi sono notevoli
divari in termini di distribuzione della ricchezza,
accesso alle opportunità e sviluppo umano, che si
riflettono in diversi settori della società e
dell'economia.

Soft Power e Cultura Popolare

Infine, il soft power e la diffusione della cultura
popolare delle nazioni BRICS nel contesto globale
possono essere esaminati per comprendere come
questi paesi esportano la propria cultura e influenzano

dinamiche globali attraverso il cinema, la musica, l'arte
e altre espressioni culturali.

Ogni punto sopra menzionato può essere ulteriormente
sviluppato e esplorato attraverso una lente analitica e
critica, cercando di comprendere non solo le politiche e
le prassi correnti, ma anche come queste possano
evolversi nel futuro e quali implicazioni possano avere
sia a livello nazionale che internazionale. Inoltre, la
connessione e l'interazione tra questi vari temi
offriranno una visione olistica e multi-dimensionale
delle BRICS nel panorama mondiale.

Conclusione del Punto: Intrecci e Sfide dei Paesi BRICS

L'incorporazione e l'analisi di questi diversi aspetti
attorno alle BRICS delineano un quadro intricato di
potere, influenze, sfide e opportunità sul palcoscenico
globale. Le BRICS, pur agendo come un coagulo di
nazioni emergenti con obiettivi comuni e sfide simili,
portano con sé una serie di distinte peculiarità
nazionali che spesso modelizzano le loro interazioni sia
all'interno del gruppo che a livello globale.

Le economie delle BRICS, sebbene abbiano mostrato
un significativo sviluppo e una crescente influenza
negli ultimi decenni, non sono esenti da sfide cruciali e
contraddizioni interne. Ad esempio, mentre
condividono l'ambizione di riformare le istituzioni
finanziarie internazionali e migliorare il proprio status
in termini di governance economica globale, esistono

anche aspre rivalità, soprattutto in termini di leadership regionale e globali.

I problemi legati alle disuguaglianze economiche e sociali, combinati con le varie sfide ambientali, demografiche e di diritti umani, formano un sottofondo comune, ma manifestano in modi differenti in ciascuna nazione. Ogni paese BRICS ha dimostrato una resistenza e una capacità diversa nel gestire queste sfide, spesso ispirandosi o differenziandosi dalle strategie adottate dai loro omologhi.

Per esempio, la Cina, con la sua gigantesca economia e il suo approccio autoritario alla governance, presenta una serie di sfide e strategie che sono notevolmente diverse da quelle dell'India, che a sua volta ha una democrazia pluralistica e una società enormemente diversificata. Allo stesso modo, il Brasile, con le sue sfide politiche interne e la sua ricchezza di risorse naturali, e la Russia, con le sue ambizioni geopolitiche e la sua economia orientata verso l'energia, offrono ulteriori contrasti e comparazioni utili all'interno del blocco.

Inoltre, l'interazione e il dialogo tra le BRICS e gli altri attori mondiali, inclusi sia i paesi sviluppati che altre economie emergenti, configurano un mosaico di relazioni che oscillano tra la cooperazione e la competizione. La dinamica di queste relazioni, spesso, è forgiata attraverso una combinazione di fattori, quali la diplomazia bilaterale, gli interessi economici, le alleanze strategiche, e le questioni globali come i cambiamenti climatici e la gestione delle pandemie.

Ogni BRICS, dunque, rappresenta un singolo vertice in una rete più ampia di relazioni e dinamiche globali, il cui potere e influenza sono tanto potenziati quanto limitati dalle sue rispettive capacità e dalla complessità delle sfide interne e internazionali. Pertanto, lo studio approfondito delle BRICS, che considera sia le comuni aspirazioni e sfide del gruppo che le unicità di ciascun membro, può offrire spunti preziosi per comprendere la natura multifaccettata del potere e dell'influenza nell'ordine mondiale contemporaneo.

Esplorare questi punti di intersezione, dove le sfide nazionali incontrano le aspirazioni e le dinamiche globali, fornisce uno sguardo penetrante nelle complessità delle relazioni internazionali contemporanee e nei meccanismi attraverso i quali i paesi BRICS perseguono i loro interessi e navigano nelle acque spesso tumultuose della geopolitica mondiale.

In somma, la narrazione collettiva e individuale delle BRICS rappresenta una miscela unica di collaborazione, competizione, e di una continua ricerca di una posizione più influente e riconosciuta all'interno del sistema mondiale. Questa combinazione di fattori e dinamiche contribuisce a definire e, contemporaneamente, a complicare la traiettoria futura di questi paesi chiave nel contesto globale.

2. Economia delle BRICS • Analisi delle economie di ogni membro e impatto globale.

Economia delle BRICS: Analisi e Impatto Globale

Le BRICS, costituite da Brasile, Russia, India, Cina e Sudafrica, rappresentano un'entità economica significativa nel panorama mondiale. Questi paesi, nonostante le loro differenze culturali, politiche ed economiche, sono riusciti a creare un fronte comune, sviluppando collaborazioni significative nel contesto economico globale. Esaminiamo più in dettaglio le economie dei membri e l'impatto globale del gruppo.

Brasile: Agricoltura e Risorse

Il Brasile vanta un'economia alimentata in modo significativo dal settore agricolo e da una ricchezza di risorse naturali. È uno dei maggiori esportatori mondiali di soia, zucchero e caffè e possiede vaste riserve di minerale di ferro e bauxite. La nazione ha affrontato sfide notevoli, tra cui la stabilità economica e questioni sociali come la disuguaglianza. La sua influenza nelle BRICS è spesso delineata dalla sua capacità di fornire prodotti agricoli e materie prime.

Russia: Energia e Potere Globale

L'economia russa è profondamente radicata nelle sue vaste risorse energetiche, in particolare petrolio e gas naturale. È uno dei maggiori esportatori di energia nel mondo, posizionando il paese come un attore chiave nell'equilibrio energetico globale. La Russia ha spesso utilizzato le sue risorse energetiche come strumento di politica estera, influenzando altri paesi e blocchi economici attraverso la manipolazione delle forniture energetiche.

India: Demografia e Servizi

L'India è caratterizzata da una demografia unica e un settore dei servizi in rapida crescita, con una particolare forza nell'IT e nel software. Con una popolazione giovane e un ampio mercato interno, l'India è spesso vista come un motore per la crescita economica futura. Tuttavia, sfide come la disuguaglianza economica e le tensioni geopolitiche con i vicini influenzano la sua traiettoria economica e politica.

Cina: Manifattura e Influenza Globale

La Cina si distingue come "la fabbrica del mondo" con la sua mastodontica capacità manifatturiera e il suo crescente settore tecnologico. La Belt and Road Initiative e altre strategie di investimento globale hanno consolidato il ruolo della Cina come un influente attore economico mondiale. La sua economia, tuttavia, affronta sfide come il debito crescente e le tensioni commerciali con altre potenze globali.

Sudafrica: Minerale e Sfide Sociali

Il Sudafrica, con le sue abbondanti risorse minerarie, quali oro e diamanti, gioca un ruolo critico nell'economia mondiale delle materie prime. Il paese, tuttavia, affronta sfide sociali e economiche significative, tra cui disoccupazione, povertà e disuguaglianze strutturali, che sono radicate nella sua storia e che influenzano le sue prospettive economiche e la stabilità regionale.

Impatto Globale delle BRICS

L'implicazione delle BRICS a livello globale è innegabile. Dal potere negoziale nel commercio internazionale, agli investimenti diretti esteri, passando per l'influenza nelle istituzioni finanziarie internazionali, le BRICS sono un blocco che non può essere trascurato. Hanno cercato di ridisegnare le norme e le regole dell'economia globale, spingendo per una rappresentazione e influenza maggiore nelle istituzioni globali come il Fondo Monetario Internazionale e la Banca Mondiale.

Conclusione

Sebbene siano uniti da obiettivi comuni, le differenze economiche tra i membri delle BRICS sono notevoli. La comprensione delle dinamiche interne di ciascun paese e delle loro strategie di interazione globale è fondamentale per decifrare le future traiettorie del blocco e del sistema economico mondiale nel suo complesso. Analizzare dettagliatamente ciascuna economia, considerando le sfide e opportunità offerte da ciascun paese, nonché le tensioni e le collaborazioni all'interno del gruppo, fornisce una prospettiva essenziale per qualsiasi discussione sul futuro dell'economia globale e sulla dinamica del potere internazionale.

La natura delle economie BRICS e il loro impatto sull'ordine economico globale è una questione essenziale per chiunque cerchi di comprendere le dinamiche contemporanee della geopolitica e dell'economia internazionale. Uno degli aspetti più intriganti delle BRICS è la diversità delle loro economie e come questa diversità sia tanto una fonte di forza quanto un potenziale punto di frizione all'interno del gruppo.

Le economie delle BRICS sono distintamente diverse ma, al contempo, integrative. Mentre il Brasile e il Sudafrica sono potenze agricole e minerarie, la Russia è una superpotenza energetica. Allo stesso tempo, l'India ha un'economia in cui il settore dei servizi, in particolare IT e servizi correlati, domina, mentre la Cina è una potenza manifatturiera su scala globale. Questa combinazione di competenze e focalizzazioni economiche permette potenzialmente alle BRICS di agire come un blocco economico comprensivo, capace di auto-sostenersi a un certo livello, pur essendo ben integrato nell'economia globale.

Tuttavia, è essenziale notare che ci sono significative disparità economiche e di sviluppo tra i membri delle BRICS. Mentre la Cina ha avuto un incredibile traiettoria di crescita e ora è una delle maggiori economie del mondo, altri paesi come il Brasile e il Sudafrica hanno affrontato notevoli sfide in termini di crescita economica e sviluppo sostenibile. Inoltre, mentre l'India ha una delle popolazioni più giovani del mondo, il che potrebbe potenzialmente tradursi in un demografico dividendo, la Russia sta affrontando un'invecchiamento della popolazione, il che potrebbe avere implicazioni significative per la sua crescita economica futura e la sostenibilità del suo modello di welfare.

La questione delle disparità internazionali all'interno delle BRICS è anche rilevante quando si considera la distribuzione della ricchezza all'interno di questi paesi. Ad esempio, la Cina, nonostante la sua impressionante crescita economica, affronta significative sfide in termini di disuguaglianza di reddito e distribuzione della ricchezza. Allo stesso modo, l'India ha una delle distribuzioni della ricchezza più disuguali al mondo, con una significativa porzione della sua popolazione che vive ancora in povertà estrema.

Questi fattori interni, combinati con le sfide esterne e l'ambiente economico globale, sono critici per comprendere la traiettoria e le prospettive future delle economie BRICS. Per esempio, le tensioni commerciali tra la Cina e gli Stati Uniti non solo hanno implicazioni dirette per l'economia cinese ma, data la natura interconnessa delle economie globali, hanno effetti d'onda che influenzano tutti i membri delle BRICS e al di là.

In termini di governance economica globale, le BRICS hanno cercato di sfidare e riformare le istituzioni economiche esistenti, promuovendo una maggiore inclusività e rappresentanza per i paesi in via di sviluppo. La creazione della Nuova Banca di Sviluppo BRICS è un esempio di tale sforzo, mirato a fornire un'alternativa alle istituzioni di Bretton Woods e a promuovere modelli di sviluppo e finanziamento che sono più allineati con le esigenze e le priorità dei paesi in via di sviluppo.

Ciascun membro delle BRICS, avendo sfide economiche uniche e specifiche aspirazioni globali, porta al tavolo una serie di aspettative e obiettivi che cercano di navigare attraverso la cooperazione intra-

BRICS e le interazioni con l'economia globale.
L'interplay tra la competitività e la cooperazione, sia
all'interno del blocco che tra le BRICS e altri attori
economici chiave, delineerà in modo significativo il
futuro panorama economico globale.

In uno scenario in cui il multilateralismo è in tensione
e il protezionismo sta guadagnando terreno in varie
parti del mondo, le BRICS rappresentano un
interessante amalgama di cooperazione sud-sud e di
ascesa dei paesi emergenti che cercano un posto al
tavolo delle decisioni economiche globali. La loro
capacità di negoziare come un blocco e di proporre
alternative al sistema economico globale esistente sarà
fondamentale per comprendere e anticipare le future
dinamiche dell'economia mondiale.

Nella complessa rete delle economie delle BRICS,
osservare le metodologie adottate per la gestione delle
sfide economiche e per la canalizzazione delle
opportunità diventa un viaggio essenziale attraverso
varie strategie e modelli economici. L'intreccio delle
politiche monetarie, fiscali e commerciali, assieme alle
specifiche traiettorie di crescita e sviluppo, fornisce un
mosaico di esempi su come gli stati emergenti si stanno
adattando e rispondendo alle pressioni e alle sfide
dell'ambiente economico globale.

I membri delle BRICS, pur avendo costruito un certo grado di solidarietà come gruppo, manifestano anch'essi diverse forme di rivalità e contrasti economici. Per esempio, la competizione tra l'India e la Cina in vari settori, inclusa la tecnologia e l'ingresso nei mercati globali, ha creato una dinamica che è tanto di collaborazione quanto di competitività. La tensione politica e militare, in particolare lungo i loro confini comuni, ha ulteriormente complicato la relazione economica, influenzando il commercio bilaterale e gli investimenti diretti esteri.

Allo stesso modo, Brasile e Cina, pur essendo importanti partner commerciali, sono anche rivali in certi mercati di esportazione, come quelli in America Latina e Africa, dove entrambi cercano di espandere la loro influenza economica e politica. La natura di queste interazioni esemplifica come le alleanze economiche, come le BRICS, siano capaci di albergare simultaneamente elementi di cooperazione e competizione tra i loro membri.

Le questioni relative al debito sono un altro aspetto fondamentale nell'esplorazione delle economie delle BRICS. Mentre alcuni membri come la Cina hanno accumulato notevoli riserve di valute estere, altri come il Brasile hanno affrontato sfide legate al debito estero e alla dipendenza dalle importazioni. Il Sudafrica, a sua volta, ha lottato con questioni legate al debito pubblico e alla crescita stagnante, che sono state ulteriormente complicate dall'impatto economico della pandemia di COVID-19.

Il rapporto delle BRICS con le nazioni al di fuori del blocco è un altro filone vitale di discussione. Mentre cercano di coordinare le proprie politiche e progetti economici, le BRICS interagiscono anche attivamente con nazioni non BRICS, sia bilaterale che attraverso forum multilaterali. L'approccio adottato dalle BRICS nei confronti di altre nazioni economicamente potenti, come gli Stati Uniti, l'Unione Europea e il Giappone, e verso altri paesi in via di sviluppo in Asia, Africa e America Latina, ha un'influenza significativa sui flussi commerciali globali, sugli schemi di investimento e sulle dinamiche della geopolitica economica.

Il modo in cui le BRICS si posizionano all'interno delle catene globali del valore è un'altra dimensione rilevante per la comprensione delle loro economie. La Cina, per esempio, è fortemente integrata nelle catene globali del valore, diventando un punto nodale per la produzione e l'esportazione di beni manufatti. L'India, d'altra parte, ha cercato di incrementare la sua partecipazione nelle catene del valore globale, in particolare nel settore dei servizi, ma è stata ostacolata da varie sfide, inclusa la necessità di riforme nel settore manifatturiero e nelle infrastrutture.

Il dialogo in corso sul cambiamento climatico e la sostenibilità ha pure importanti implicazioni per le economie delle BRICS, le quali sono state costrette a bilanciare la necessità di crescita economica con la pressione globale per adottare pratiche più sostenibili e ridurre le emissioni di carbonio. La transizione verso un'economia verde rappresenta un'ulteriore sfida, data la dipendenza di alcuni membri delle BRICS dalle esportazioni di risorse naturali e dalla produzione intensiva di energia.

La multidimensionalità delle economie BRICS, con le loro varie sfaccettature di collaborazione e competizione, non solo all'interno del blocco ma anche in un contesto globale più ampio, riflette la complessità delle loro interazioni economiche e il loro impatto sull'architettura economica mondiale. Gli scenari futuri dipenderanno da come questi paesi riescono a navigare attraverso le loro divergenze interne, costruendo al contempo un fronte unito nelle negoziazioni economiche globali, e da come reagiscono e si adattano alle mutevoli dinamiche e sfide dell'economia mondiale.

Le economie delle BRICS, seppure intrise di dinamicità e resilienza, non sono esenti da vulnerabilità, che si manifesta in diversi modi e attraverso vari settori. Prendendo in considerazione l'ambito delle valute, la loro stabilità e forza nei mercati finanziari globali sono state oggetto di analisi e discussione. La Rupia Indiana e il Rand Sudafricano, ad esempio, hanno mostrato una volatilità significativa nei confronti del dollaro USA e di altre valute forti, mentre il Rublo Russo ha vissuto periodi di instabilità dovuti in parte a fattori geopolitici e alle fluttuazioni dei prezzi dell'energia.

Inoltre, il settore tecnologico, che rappresenta una parte vitale e crescente dell'economia globale, porta con sé diverse sfide e opportunità per le nazioni BRICS. Mentre la Cina ha raggiunto livelli avanzati nel settore della tecnologia, con aziende come Alibaba e Tencent che detengono una presenza significativa a livello globale, l'India ha mostrato una crescita esplosiva nel suo ecosistema di startup, creando innovazioni e soluzioni nell'ambito della tecnologia digitale, fintech e altro ancora. La Russia ha consolidato la sua presenza nel settore della cybersecurity e della tecnologia dell'informazione, mentre Brasile e Sudafrica stanno cercando di potenziare i propri settori tecnologici attraverso investimenti e partnership.

Un'altra dimensione che merita una riflessione approfondita è quella della sostenibilità economica e ambientale. Mentre queste nazioni cercano di ampliare la propria crescita economica, la pressione per farlo in un modo ecologicamente sostenibile e socialmente responsabile è in aumento. La Cina, per esempio, si trova di fronte alla sfida di bilanciare la sua rapida industrializzazione con la necessità di ridurre le emissioni e minimizzare l'impact ambientale. Inoltre, la questione della sostenibilità abbraccia anche le sfide sociali, come l'equità, l'inclusione e la giustizia sociale, elementi che sono essenziali per assicurare una crescita che benefici a tutta la società.

I flussi di investimento tra le nazioni BRICS e verso l'esterno del blocco rappresentano un altro aspetto cruciale. Ciascuno di questi paesi sta cercando attivamente di attrarre investimenti stranieri diretti (FDI) per catalizzare lo sviluppo e la crescita economica, mentre al contempo sta anche cercando di espandere i propri orizzonti di investimento a livello globale. La Belt and Road Initiative della Cina è un esempio emblematico di come una nazione BRICS sta cercando di plasmare le dinamiche economiche globali attraverso investimenti infrastrutturali su larga scala.

In termini di politica interna, ciascuna delle economie delle BRICS è sottoposta a sfide distinte legate alla demografia, alla governance e alla stabilità sociale. L'India, con la sua demografia incredibilmente giovane, è sottoposta a pressioni per creare opportunità di lavoro e sostenere la crescita economica che può assorbire l'enorme coorte di giovani che entra nel mercato del lavoro ogni anno. Il Brasile, d'altro canto, deve affrontare questioni connesse alla disuguaglianza sociale e economica, mentre la Russia è di fronte alle sfide poste dall'invecchiamento della popolazione e dalla necessità di diversificare la sua economia.

Anche la questione dei diritti umani e delle libertà civili, la governance democratica e lo stato di diritto sono intricati con il discorso economico. La modalità con cui ogni paese delle BRICS affronta queste questioni influisce sulla percezione globale, sugli investimenti esteri e sulle relazioni bilaterali e multilaterali. Essere in grado di navigare attraverso le sfide della governance interna mentre si persegue la crescita economica e si mantiene una posizione di forza e cooperazione sul palcoscenico globale è una dinamica cruciale e complessa all'interno delle strategie economiche delle BRICS.

A ogni modo, l'influenza delle BRICS e il loro impatto sul mondo vanno oltre il semplice dominio economico, infiltrandosi nelle sfere politica, culturale e sociale a livello globale. La comprensione di queste diverse, complesse e interconnesse sfere, richiede un'analisi profonda che integri vari settori e discipline, esaminando le dinamiche sia interne che esterne, per fornire un quadro olistico delle loro traiettorie e delle implicazioni future.

Nel panorama delle economie delle BRICS, l'equilibrio tra il mantenimento della crescita economica e la gestione dell'ineguaglianza si pone come un punto di frizione essenziale. Queste nazioni hanno vissuto significative espansioni economiche, tuttavia, in molti casi, ciò non ha portato necessariamente a una distribuzione equa della ricchezza. Ad esempio, in nazioni come il Brasile e il Sudafrica, dove l'ineguaglianza economica è particolarmente pronunciata, il divario tra i settori più ricchi e più poveri della società rimane una questione politica e sociale di rilievo. L'equa distribuzione delle risorse, delle opportunità di istruzione e dell'accesso alle infrastrutture vitali sono tutte problematiche che influenzano la sostenibilità della crescita e dello sviluppo economico.

D'altra parte, vi è la questione dell'integrazione delle economie delle BRICS nel contesto dell'economia globale, non solo in termini di interscambio commerciale, ma anche in relazione alle reti globali di produzione e distribuzione. Ad esempio, la crisi sanitaria mondiale ha rivelato sia la resistenza che le fragilità delle catene di approvvigionamento globali, mettendo in luce la dipendenza da certi paesi (come la Cina) per prodotti e materiali chiave, così come evidenziando le vulnerabilità associate a questo tipo di interdipendenza. Il bilanciamento tra la promozione dell'autosufficienza nazionale e l'incoraggiamento dell'integrazione economica globale rimane una questione delicata per le economie delle BRICS.

Inoltre, mentre le BRICS cercano di aumentare il loro peso e influenza nell'economia mondiale, dovranno anche navigare attraverso le acque, a volte tumultuose, delle relazioni internazionali e della geopolitica. Le tensioni tra i paesi membri, come quelle tra India e

Cina, così come le tensioni con altre nazioni ed entità economiche globali, plasmeranno inevitabilmente il percorso che le BRICS prenderanno in futuro. La gestione di queste tensioni e il mantenimento di relazioni bilaterali e multilaterali costruttive saranno essenziali per il loro successo collettivo e individuale sul palcoscenico mondiale.

L'energia rappresenta un altro settore fondamentale all'interno dell'analisi delle economie delle BRICS. Mentre il mondo si sta spostando gradualmente verso fonti di energia più pulite e sostenibili, le BRICS, che insieme rappresentano una porzione significativa del consumo energetico mondiale, hanno un ruolo cruciale da svolgere in questa transizione. La Cina e l'India, in particolare, a causa delle loro enormi popolazioni e industrie in espansione, hanno un impatto significativo sui modelli di consumo energetico globale. La loro capacità di implementare tecnologie energetiche rinnovabili e di promuovere pratiche sostenibili all'interno dei loro confini avrà un'influenza notevole sull'efficacia degli sforzi globali per combattere il cambiamento climatico.

La tematica dell'innovazione e dell'adozione tecnologica attraversa tutti i settori delle economie delle BRICS. La capacità di generare, adottare e diffondere nuove tecnologie non solo stimola la crescita economica, ma facilita anche la soluzione di problemi sociali, economici e ambientali.

L'innovazione non si limita alla tecnologia digitale, ma si estende a tutti i settori, compresa l'agricoltura, dove l'adozione di pratiche agricole sostenibili e innovative può avere un impatto significativo sulla sicurezza alimentare, sulla gestione delle risorse e sull'ambiente.

L'educazione e lo sviluppo delle competenze rappresentano un altro pilastro cruciale all'interno del mosaico delle economie delle BRICS. L'abilità di queste nazioni di sviluppare talenti e competenze che soddisfino le esigenze delle loro economie in evoluzione, e di farlo in modo equo e accessibile, inciderà notevolmente sulla loro capacità di mantenere la crescita e la stabilità economica nel lungo termine. L'istruzione non solo alimenta l'innovazione e la crescita economica, ma contribuisce anche a promuovere una cittadinanza informata e impegnata, essenziale per la governance stabile e lo sviluppo sociale.

Così, navigando attraverso l'immensa rete di sfide e opportunità presentate dalle economie delle BRICS, è cruciale riconoscere l'interconnessività dei vari settori e tematiche, e come le decisioni e le politiche in un'area influenzano inevitabilmente le altre. Questa interdipendenza sottolinea l'importanza di un approccio olistico e integrato per comprendere e guidare lo sviluppo futuro delle BRICS nel contesto globale.

Concludendo, il profilo economico delle BRICS si distingue per un panorama tanto ricco quanto complesso, ove le traettorie di crescita, le sfide intrinseche e le prospettive future delle cinque economie emergenti interagiscono in un sistema di influenze e dipendenze reciproche con il contesto economico mondiale.

L'eterogeneità delle loro economie, con la Cina che emerge come una superpotenza economica globale, l'India che ostenta un imponente potenziale di crescita, la Russia che bilancia la sua economia tra sfide e opportunità, il Brasile che naviga attraverso la complessità delle sue disparità interne e il Sudafrica che cerca una traiettoria sostenibile di sviluppo, rappresenta un mosaico economico in cui ognuno di questi stati assume ruoli differenti ma integrati nel contesto delle BRICS.

La diversificazione delle loro basi economiche, il bilanciamento tra industria e agricoltura, il settore dei servizi e la capacità di gestire e implementare innovazioni tecnologiche, rappresentano elementi fondamentali che determinano la direzione delle loro economie. La navigazione tra la necessità di assicurare crescita e sviluppo, mantenendo al contempo un equilibrio con la salvaguardia ambientale, la sostenibilità sociale e la gestione delle risorse naturali, pone le BRICS di fronte a sfide di significativa entità ma altrettanto offre spunti di riflessione per modelli di sviluppo economico alternativi.

Allo stesso modo, la questione delle disuguaglianze socio-economiche, sia a livello interno sia nel contesto delle relazioni internazionali, emerge come una questione preponderante. La capacità delle BRICS di affrontare le disuguaglianze interne, promuovendo un'inclusione economica e sociale più ampia, e di stabilire relazioni internazionali che non amplifichino ulteriormente i divari esistenti, sarà determinante per il loro percorso futuro e per l'evoluzione del loro ruolo a livello globale.

Inoltre, l'intreccio di politica ed economia nelle dinamiche BRICS sottolinea come i percorsi economici intrapresi da questi paesi siano intrinsecamente legati alle loro strategie geopolitiche, alle dinamiche interne e alle ambizioni globali. Le tensioni politiche, sia interne che tra i paesi BRICS, potrebbero fungere da catalizzatori o inibitori dei processi di cooperazione e integrazione economica, influenzando dunque la forma e la sostanza delle iniziative economiche congiunte e la stabilità della coalizione BRICS in sé.

Infine, le BRICS, con il loro crescente peso economico e la loro influenza sul palcoscenico mondiale, sono chiamate a navigare in un ordine economico globale che si sta trasformando, conciliando le proprie aspirazioni con le responsabilità che emergono dalla loro crescente influenza. La capacità di bilanciare gli interessi nazionali con quelli del collettivo globale, e di farlo in un modo che non solo assicuri la crescita e lo sviluppo economico, ma che promuova anche la sostenibilità, l'equità e la stabilità, sarà essenziale per determinare il futuro non solo delle BRICS ma anche dell'economia mondiale nel suo insieme.

L'analisi delle economie delle BRICS, quindi, deve essere condotta con un'ottica che trascenda le singole metriche economiche e che incorpori una valutazione olistica e integrata dei molteplici fattori, dinamiche e sfide che daranno forma al loro futuro e al ruolo che svolgeranno nel definire l'ordine economico mondiale nei decenni a venire.

3. Politica delle BRICS • Esame delle politiche interne ed esterne dei paesi BRICS.

La politica delle BRICS, composta dai paesi di Brasile, Russia, India, Cina e Sudafrica, abbraccia una vasta gamma di temi e sfide, in quanto questi stati presentano diversità significative nelle loro strutture politiche, priorità politiche, e orientamenti ideologici. Esaminare sia le politiche interne sia quelle esterne di queste nazioni può gettare luce su come esse si influenzano reciprocamente e plasmano il contesto geopolitico e geo-economico globale.

Politiche Interne

Brasile

Il Brasile, con il suo sistema democratico e la sua economia emergente, ha navigato attraverso diversi problemi interni, tra cui la corruzione politica, le tensioni sociali, e le sfide legate alla sostenibilità dello sviluppo economico e alla giustizia sociale. La lotta contro la povertà e la disuguaglianza, insieme alla gestione delle risorse naturali e della biodiversità, rappresenta questioni politiche centrali.

Russia

La Russia, guidata da un modello di potere centralizzato, affronta dilemmi associati alla gestione della diversità etnica e religiosa interna, l'economia basata sulle risorse energetiche e le tensioni con l'Occidente. Le questioni relative alle libertà civili, alla democrazia e al ruolo delle istituzioni indipendenti sono altresì rilevanti.

India

L'India, la più grande democrazia del mondo, si confronta con sfide legate alla pluralità religiosa e etnica, alle disuguaglianze sociali ed economiche, e al suo rapido sviluppo. L'equilibrio tra crescita economica, protezione dell'ambiente e inclusione sociale rappresenta un nodo critico.

Cina

La Cina, sotto il Partito Comunista, naviga attraverso la gestione della crescita economica, la stabilità sociale, e l'affermazione del proprio modello di governance. Questioni come i diritti umani, la libertà di espressione e la gestione dell'innovazione tecnologica sono aspetti rilevanti.

Sudafrica

Il Sudafrica, con il suo passato di apartheid e le sue attuali sfide riguardanti la disuguaglianza economica, la corruzione, e la gestione delle tensioni sociali, persegue una traiettoria politica volta alla riconciliazione, al rinnovamento economico e alla giustizia sociale.

Politiche Esterne

- **Cooperazione e Competizione**: Le BRICS lavorano insieme in alcune aree, come quella finanziaria e dello sviluppo, ma presentano anche competizioni, specialmente in termini di influenza globale e accesso alle risorse.

- **Governance Globale**: Le BRICS cercano attivamente di ridefinire e riformare le istituzioni di governance globale, puntando a un maggior peso e rappresentanza per le economie emergenti.

- **Sicurezza Globale**: Le relazioni tra i paesi BRICS e gli altri attori globali sono cruciali nella gestione di questioni come il terrorismo, la proliferazione nucleare e i conflitti regionali.

- **Ambiente e Sviluppo Sostenibile**: L'impegno congiunto per affrontare i cambiamenti climatici e promuovere uno sviluppo sostenibile, mantenendo allo stesso tempo le proprie agende di crescita economica, è un'area chiave di politica estera.

- **Commercio e Investimenti**: Mentre si sforzano di sviluppare i propri mercati interni, le BRICS si impegnano anche attivamente per creare opportunità di commercio e investimento a livello globale, talvolta attraverso accordi bilaterali e multilaterali.

La congiunzione delle politiche interne ed esterne delle BRICS genera un dialogo continuo tra il bisogno di affrontare le questioni domestiche e l'ambizione di forgiare un ruolo influente sul palcoscenico internazionale. Ciascun paese porta al tavolo della cooperazione BRICS le proprie forze, sfide e aspettative, cercando di tracciare un percorso che non solo salvaguardi gli interessi nazionali ma promuova anche un ordine mondiale più inclusivo e equo. L'esplorazione delle dinamiche politiche all'interno e tra le BRICS, quindi, offre una finestra attraverso la quale osservare le tensioni, le alleanze e le aspirazioni che stanno dando forma al mondo contemporaneo.

Ogni paese BRICS presenta una matrice politica unica, rivelando una mescolanza di convergenze e divergenze che stimolano sia la collaborazione che il contrasto a livello internazionale. La fluidità delle loro politiche interne ed esterne rappresenta una fascinante dinamica tra il singolo interesse nazionale e l'interesse collettivo della coalizione BRICS.

Se esploriamo ulteriormente le politiche esterne dei paesi BRICS, diventa evidente che mentre questi paesi cercano di promuovere un ordine mondiale più multipolare, l'approccio di ciascuno di essi è profondamente radicato nelle proprie sfide e aspirazioni nazionali. Ad esempio, la Cina ha adottato l'iniziativa "One Belt, One Road" (OBOR) per estendere la sua influenza economico-politica attraverso un vasto network di paesi. D'altro canto, l'India ha mantenuto un cauto equilibrio tra il suo impegno con le BRICS e i suoi legami crescenti con le democrazie occidentali, in particolare attraverso il Quad, un forum di dialogo strategico che coinvolge anche Stati Uniti, Giappone e Australia.

Per quanto riguarda la politica interna, le questioni come la democrazia, i diritti umani e la governance diventano ancor più cruciale. Prendiamo ad esempio il Brasile: le sue dinamiche politiche interne sono state caratterizzate da significative polarizzazioni, con implicazioni dirette sulla sua politica estera e sulle sue interazioni all'interno delle BRICS. Similmente, in Sudafrica, il tema dominante della lotta continua contro la disuguaglianza economica e sociale, che risuona fortemente nella sua politica estera, è alla ricerca di creare alleanze Sud-Sud e promuovere un ordine internazionale più equo.

Inoltre, le BRICS si sono sforzate di coordinare le proprie politiche in vari forum internazionali, inclusi quelli legati al commercio, al clima e alla sicurezza. Nonostante le loro divergenze, come visto nei contrasti riguardo a questioni come la riforma delle istituzioni finanziarie internazionali o il sostegno a specifici regimi o movimenti, c'è stata una certa coerenza nel loro impegno collettivo a sfidare l'ordine mondiale dominato dall'Occidente.

La questione dei diritti umani e della democrazia, spesso affrontata in modo disparato dai paesi BRICS, sottolinea le diverse filosofie di governance e valori politici che esistono all'interno del gruppo. Mentre alcuni paesi enfatizzano fortemente la sovranità e la non interferenza, altri esplorano modi per conciliare il rispetto per i diritti umani universali con il desiderio di mantenere stabili relazioni bilaterali.

Per quanto riguarda il commercio e l'economia, le BRICS cercano di articolare una visione condivisa di sviluppo sostenibile e crescita inclusiva, mentre contemporaneamente navigano tra la rivalità e la competizione, sia all'interno del gruppo sia con attori esterni. Ad esempio, le tensioni commerciali tra India e Cina o la competizione nel settore energetico tra Russia e Brasile offrono un quadro delle complessità e delle sfide intrinseche nella gestione delle relazioni tra paesi con ambizioni globali e regionali.

Nel contesto della sicurezza e della pace globali, le BRICS hanno manifestato una combinazione di cooperazione e disaccordo. Ad esempio, mentre vi è stata una certa coerenza nel sostenere il principio della non interferenza negli affari interni degli stati, le BRICS hanno mostrato divergenze su questioni come la crisi in Siria o la questione nucleare iraniana, riflettendo le varie preoccupazioni di sicurezza e gli obiettivi strategici dei singoli membri.

Le BRICS, in quanto coalizione, continuano a esplorare le vie per un'integrazione più profonda e per la promozione dei loro obiettivi comuni sul palcoscenico mondiale, nonostante le tensioni e le sfide che emergono dalle loro uniche realtà politiche e dalle divergenze nei valori e negli interessi nazionali. La loro traiettoria futura continuerà a oscillare tra la cooperazione e la competizione, offrendo una vista affascinante e complessa sulla geopolitica mondiale.

Nel tessuto delle politiche BRICS, i temi della giustizia sociale, dell'innovazione e della sostenibilità emergono come comuni denominatori che catturano l'attenzione sia a livello nazionale sia internazionale. Se ci addentriamo più a fondo in questo intricato tessuto, possiamo scoprire ulteriori sfumature che riflettono come queste nazioni affrontano le sfide emergenti e le opportunità dell'ordine mondiale contemporaneo.

Per esempio, l'impatto della digitalizzazione e delle nuove tecnologie è evidente in tutta l'intera coalizione. La Cina ha spinto con forza per la leadership nel settore tecnologico, esplorando il territorio della digital currency e cercando di stabilire nuovi standard per l'internet del futuro. D'altra parte, l'India ha utilizzato l'innovazione digitale per affrontare sfide nazionali, come l'inclusione finanziaria e l'accesso ai servizi di salute, cercando di bilanciare l'innovazione e le questioni relative alla privacy e alla sicurezza dei dati.

Il modo in cui le BRICS navigano attraverso le acque della globalizzazione e del nazionalismo economico rappresenta un altro aspetto intrigante. Mentre il Brasile, ad esempio, ha una storia di oscillazione tra politiche aperte e strategie più protezionistiche, la Russia ha bilanciato il suo desiderio di attrarre investimenti esteri con la necessità di proteggere i propri settori chiave. Nel frattempo, il Sudafrica ha cercato di bilanciare il bisogno di investimenti stranieri con l'imperativo di promuovere lo sviluppo locale e l'emancipazione economica nera.

Le sfide climatiche rappresentano un altro prisma attraverso il quale esplorare le politiche delle BRICS. L'imperativo globale di affrontare i cambiamenti climatici vede queste nazioni bilanciare la necessità di crescita economica con la pressione per adottare misure sostenibili. Ad esempio, mentre la Cina ha annunciato piani ambiziosi per raggiungere la neutralità di carbonio entro il 2060, deve ancora bilanciare questo obiettivo con la sua dipendenza dal carbone a breve termine. L'India, d'altro canto, sta cercando di sfruttare la sua abbondanza di sole per diventare un leader nell'energia solare, sebbene debba confrontarsi con le sfide dell'accesso energetico e della sicurezza.

Inoltre, il tema della governance globale e il ruolo delle BRICS nel plasmare le istituzioni internazionali forniscono una vista inedita sulla loro politica. Il desiderio di riformare istituzioni come il Fondo Monetario Internazionale e la Banca Mondiale, nonché l'Organizzazione delle Nazioni Unite, riflette l'aspirazione delle BRICS a plasmare un ordine mondiale che meglio rifletta i loro interessi e quelli degli altri paesi in via di sviluppo. La creazione della Nuova Banca di Sviluppo BRICS rappresenta un passo in questa direzione, anche se resta da vedere come questa e altre iniziative simili si svilupperanno nel futuro.

L'interazione tra le BRICS e altre nazioni e blocchi, come l'Unione Europea e gli Stati Uniti, aggiunge un ulteriore strato alla loro prassi politica. Mentre l'interazione con questi attori ha abbracciato sia la collaborazione sia la competizione, la dinamica sottolinea il desiderio delle BRICS di essere riconosciute come attori chiave sulla scena mondiale, capaci di dare forma e influenzare le dinamiche globali in modi significativi.

Nel contesto della sicurezza, le BRICS hanno gestito una serie di questioni, tra cui le sfide legate al terrorismo, alla pirateria marittima e alla sicurezza cibernetica, cercando di coordinare le risposte pur navigando attraverso le loro divergenze. La gestione della minaccia del terrorismo, in particolare, ha visto la necessità di bilanciare le preoccupazioni per la sicurezza con quelle dei diritti umani e della giustizia sociale.

Dunque, le politiche delle BRICS sono immersi in un panorama ricco e multiforme, intrecciato da thread di cooperazione, competizione e contrasto. Esplorare le varie sfaccettature di queste politiche fornisce non solo una vista sulla propria dinamica interna ma offre anche preziose intuizioni sulle loro aspirazioni, preoccupazioni e strategie nel contesto globale più ampio.

L'analisi della proiezione delle BRICS sul palcoscenico globale si arricchisce ulteriormente considerando anche il tema della soft power e l'ambito delle relazioni culturali e societali tra questi paesi e il resto del mondo. La promozione della cultura, dei valori e dei simboli nazionali, e come essi influenzano le relazioni internazionali tra le BRICS e altri paesi, diventa una sfera significativa di esplorazione.

Ad esempio, la Cina, con il suo ambizioso progetto di "Belt and Road Initiative", non solo cerca di espandere la sua influenza economica ma anche di aumentare il suo soft power in Asia, Africa e Europa, utilizzando strumenti quali investimenti in infrastrutture, commercio, e anche scambi culturali e educativi. L'India, attraverso la sua politica di "Act East" e il sostegno alla diaspora indiana a livello globale, si impegna attivamente a forgiare legami non solo basati su interessi economici o strategici ma anche culturali e sociali.

Inoltre, la dinamica delle relazioni intra-BRICS offre una finestra attraverso la quale si può esplorare come queste nazioni gestiscano le loro differenze e sfruttino le aree di convergenza. Per esempio, benché la Cina e l'India abbiano varie questioni irrisolte, tra cui questioni di confine, cercano aree di cooperazione in forum multilaterali, inclusa la stessa piattaforma BRICS. Questa coesistenza di contrasti e collaborazione è un tema ricorrente all'interno delle BRICS, che vedono frequenti attriti, ad esempio, in questioni legate a tassazione e commercio, ma trovano terreno comune su temi come la riforma delle istituzioni finanziarie internazionali o la lotta al cambiamento climatico.

Anche il concetto di leadership all'interno delle BRICS è di particolare interesse. Il modo in cui ciascun paese percepisce il proprio ruolo e contributo all'interno del gruppo e verso l'esterno varia notevolmente. Mentre la Cina può vedere se stessa come il leader naturale delle BRICS, data la sua dimensione economica e il suo peso globale, l'India, il Brasile, la Russia e il Sudafrica anch'essi portano in tavola le proprie aspirazioni e visioni di leadership regionale e globale, a volte contrastanti con l'agenda cinese.

Nel contesto della politica globale e della sicurezza, le BRICS cercano di delineare una narrativa congiunta, anche se le loro azioni e posizioni specifiche possono divergere. La loro comune opposizione a quello che percepiscono come un ordine mondiale unilaterale dominato dagli Stati Uniti li unisce, ma i loro specifici interessi geopolitici e geoeconomici possono anche dividerli, come visto nei loro approcci a crisi globali e regionali.

L'influenza delle BRICS nel dirimere o mitigare conflitti regionali rappresenta un altro aspetto cruciale da esplorare. Se prendiamo come esempio il ruolo della Russia in Siria o quello della Cina nei confronti della Corea del Nord, vediamo un'immagine di nazioni che cercano di bilanciare i propri interessi strategici con la necessità di proiettare un'immagine di responsabilità e leadership a livello globale. Allo stesso modo, l'approccio dell'India e del Sudafrica verso questioni di pace e sicurezza nel loro vicinato rispecchia una combinazione di preoccupazioni di sicurezza, interessi economici e un desiderio di proiettare influenza e leadership.

Infine, la domanda di quale futuro attenderà le BRICS in un mondo in evoluzione, caratterizzato da crescenti sfide, come la rivalità tra le superpotenze, le crisi globali, e un cambiamento sistemico, offre ulteriori spunti per esplorare come le politiche interne ed esterne di queste nazioni si evolveranno nel prossimo futuro. Saranno in grado di superare le loro differenze e forgiare una coalizione più coesa e influente? O le divergenze interne e le sfide esterne limiteranno il loro impatto e coerenza sul palcoscenico mondiale? La navigazione attraverso queste questioni offre un intrigante viaggio attraverso le complessità e le contraddizioni delle BRICS nel mondo contemporaneo.

Un'ulteriore dimensione interessante nell'analisi delle politiche delle BRICS riguarda la gestione della disuguaglianza e della coesione sociale all'interno di questi paesi. Pur avendo raggiunto notevoli traguardi economici negli ultimi decenni, le nazioni BRICS continuano a lottare contro disparità economiche acute, problemi di corruzione, e sfide relative ai diritti umani.

La questione della disuguaglianza si manifesta attraverso diversi prismi. In Brasile, ad esempio, le disparità economiche e sociali sono strettamente intrecciate con questioni di razza e genere, e la nazione affronta regolarmente tensioni legate a queste differenziazioni socioeconomiche. In Sudafrica, le ombre dell'apartheid continuano a riflettersi nelle disparità economiche e nella tensione sociale, con problemi persistenti relativi all'accesso a opportunità economiche e servizi essenziali tra diverse comunità.

La Russia presenta un panorama politico distinto, in cui la centralizzazione del potere e il nazionalismo giocano un ruolo chiave nel definire la sua strategia politica, sia a livello nazionale che internazionale. Gli squilibri economici e sociali sono spesso oscurati da una robusta narrativa patriottica e da un'astuta gestione dei media. C'è un dialogo continuo sul ruolo delle ONG e sullo spazio per la società civile in un paese che equilibra la richiesta di ordine e stabilità con la necessità di innovazione e sviluppo.

Nel contesto indiano, il pluralismo, sia culturale che religioso, continua a essere una caratteristica definitiva, ma anche una sfida per la sua politica. La gestione della diversità e la promozione della coesione sociale sono temi centrali, considerando le varie tensioni che emergono da disuguaglianze economiche, differenze religiose, e disparità regionali. La promozione di un'identità nazionale coesa, pur gestendo questa pluralità, è una costante sfida politica.

L'approccio della Cina alla politica, con il suo modello di governo centralizzato e il forte controllo del Partito

Comunista, mostra un'altra faccia delle BRICS. L'enfasi sull'armonia sociale e la stabilità, in combinazione con una forte guida economica, ha definito il successo cinese. Tuttavia, questioni come le tensioni in regioni come il Tibet e Xinjiang, e il trattamento delle minoranze etniche e religiose, mettono in luce le sfide inerenti alla gestione della diversità all'interno di un tale modello politico.

È anche fondamentale considerare l'evoluzione delle BRICS nell'era digitale, poiché la tecnologia diventa un campo sempre più critico nel determinare il potere e l'influenza globali. Ogni paese BRICS sta navigando attraverso le proprie sfide e opportunità in questo ambito. Per esempio, mentre l'India e la Cina hanno fatto notevoli progressi nel settore tecnologico, diventando leader in specifici segmenti come e-commerce e tecnologie mobili, affrontano sfide come la regolamentazione del settore tech, le questioni relative alla privacy dei dati e alla sicurezza cibernetica, e il divario digitale interno.

Un'analisi approfondita delle BRICS ci porta quindi attraverso un caleidoscopio di sfide e strategie politiche, navigando tra il desiderio di stabilità interna, crescita economica e una presenza influente sul palcoscenico mondiale. Ogni nazione, pur condividendo certe aspirazioni comuni, persegue i propri obiettivi unici attraverso una varietà di metodi e politiche, spesso creando un insieme di pratiche che sono tanto armoniose quanto contrastanti. Le sfide del futuro - inclusi cambiamenti globali, nuove dinamiche di potere e sfide interne - forniranno ulteriori sfaccettature e direzioni all'azione politica delle BRICS, offrendo continuamente nuovi terreni e scenari per l'analisi e la comprensione di queste potenze emergenti.

In sintesi, le BRICS, nonostante le considerevoli divergenze in termini di struttura politica, governance, e approcci alle questioni globali, sono state capaci di mantenere un fronte unito in diverse aree strategiche, principalmente legate all'economia e allo sviluppo. La loro cooperazione, evidenziata attraverso una serie di summit e iniziative congiunte, riflette una comprensione mutua dell'importanza di modellare un ordine mondiale che sia rappresentativo delle loro aspirazioni e interessi.

La politica interna di ciascun paese BRICS riflette una complessa tessitura di aspirazioni di sviluppo, ricerca della stabilità, e gestione delle diverse sfide socioeconomiche e culturali. La stabilità politica è spesso bilanciata con questioni urgenti quali la disuguaglianza, la corruzione, e la pressione per la democratizzazione in alcune nazioni. Ogni stato BRICS, con le proprie sfumature e contesti, cerca di navigare attraverso queste sfide modellando politiche che possano rispecchiare sia le aspirazioni interne che quelle della coalizione.

A livello esterno, le BRICS cercano di posizionarsi come attori chiave in un ordine mondiale che sta vivendo significative trasformazioni. L'ascesa della Cina come superpotenza globale, l'influenza crescente dell'India nell'Asia Meridionale, il ruolo della Russia nelle questioni di sicurezza europea e mediorientale, l'impegno del Brasile e del Sudafrica nelle loro rispettive regioni, sono tutti esempi di come queste nazioni stanno cercando di modellare dinamiche globali e regionali.

Tuttavia, il cammino futuro delle BRICS non è esente da incertezze e sfide. La solidità della cooperazione tra i membri, la capacità di navigare attraverso crescenti rivalità (per esempio, tra Cina e India), e la loro abilità di rappresentare un fronte unito nelle discussioni globali saranno cruciali per determinare il futuro impatto del blocco. Inoltre, questioni come la governance globale della tecnologia e dell'ambiente, e la gestione delle nuove sfide economiche, come la digitalizzazione e l'automazione, sono elementi che richiederanno una visione e una strategia condivise tra le BRICS.

Inoltre, il modo in cui le BRICS negozieranno il loro rapporto con le potenze esistenti, in particolare gli Stati Uniti e l'Unione Europea, e con altri paesi emergenti, contribuirà significativamente a definire non solo le traiettorie di sviluppo di questi paesi, ma anche la struttura del futuro ordine mondiale. L'efficacia del blocco nel bilanciare aspirazioni, contrasti e cooperazione sarà un fattore chiave nel determinare il suo ruolo e impatto nel panorama globale nei prossimi anni.

Quindi, l'osservazione delle BRICS, attraverso il prisma della politica interna ed esterna, non solo offre spunti su come queste nazioni stanno navigando attraverso un'epoca di significativi mutamenti globali, ma anche su come stanno cercando di definire e modellare questi cambiamenti secondo le loro proprie visioni e interessi. Si prospetta, pertanto, un futuro in cui il blocco BRICS continuerà a giocare un ruolo chiave, attraversando e influenzando le numerose sfaccettature del dinamico scacchiere internazionale.

4. Rapporti Internazionali • Analisi delle relazioni tra le BRICS e altri attori globali.

Rapporti Internazionali e le BRICS

Esplorando le relazioni internazionali delle BRICS, è fondamentale osservare non solo le interazioni tra i membri del gruppo ma anche come il blocco e le nazioni individuali si relazionano con altri attori globali e regionali.

1. **Relazioni Intra-BRICS**:

   - Nonostante diverse sfide e tensioni (come quelle territoriali tra India e Cina), le BRICS hanno mantenuto un fronte relativamente unito in vari forum internazionali, evidenziando la cooperazione nel settore economico e nello sviluppo sostenibile.

   - La piattaforma BRICS è stata utilizzata per esplorare e stabilire meccanismi finanziari alternativi, come la Nuova Banca di Sviluppo, che mira a fornire risorse finanziarie per progetti di infrastruttura e sviluppo sostenibile tra i paesi membri e altri emergenti.

2. **Relazioni con il G7 e l'Occidente**:

   - Le BRICS spesso si posizionano come una voce alternativa a quella dei paesi più industrializzati, rappresentati dal G7.

   - I paesi BRICS cercano spesso di bilanciare il loro rapporto con le nazioni occidentali, cercando di aprire spazi per la cooperazione economica e allo stesso tempo esprimendo contrarietà su questioni come le norme commerciali globali e la governance internazionale.

3. **Influenza Regionale**:

   - Paesi come il Brasile e il Sudafrica giocano ruoli significativi nelle loro regioni rispettive (America Latina e Africa Subsahariana, rispettivamente) e spesso fungono da ponti tra le BRICS e le loro regioni.

   - La Russia e la Cina, con la loro considerevole influenza politica e militare, hanno sviluppato reti di alleanze e cooperazione non solo tra loro ma anche con paesi del Medio Oriente, dell'Asia Centrale e dell'Asia del Sud.

4. **Relazione con i Paesi in Via di Sviluppo**:

- Le BRICS spesso si presentano come rappresentanti degli interessi dei paesi in via di sviluppo, sottolineando temi come la giustizia economica globale, il debito e il commercio.

- In molte istanze, queste nazioni hanno cercato di fornire assistenza allo sviluppo e supporto economico ad altri paesi emergenti, coltivando alleanze e sostenendo temi di interesse comune nei forum internazionali.

5. **Competizione e Collaborazione**:

- Pur mantenendo una certa coesione come blocco, i paesi BRICS competono anche tra loro in vari ambiti, come l'attrazione di investimenti esteri, il dominio di mercati globali specifici e la leadership in questioni globali.

- In termini di sicurezza, vi sono contrasti e concomitanze di interessi, come evidenziato dalle relazioni Sino-Indiane e Russo-Cinesi, che navigano tra alleanze strategiche e tensioni regionali.

6. **Problemi Globali e Governance**:

- Le BRICS hanno cercato di esercitare influenza in questioni di governance globale, come il cambiamento climatico, la sicurezza internazionale e la salute globale.

- Il ruolo delle BRICS nelle future dinamiche della politica climatica globale, in particolare considerando la crescente pressione per azioni climatiche ambiziose, sarà essenziale, dato che paesi come la Cina e l'India sono tra i maggiori emettitori di gas serra.

In conclusione, le BRICS navigano in una complicata rete di relazioni internazionali, gestendo tensioni interne e cercando di coltivare un'influenza collettiva e individuale a livello globale. La coerenza e l'efficacia delle loro politiche estere, così come il modo in cui bilanceranno gli interessi nazionali con gli impegni globali e regionali, saranno vitali nell'evoluzione delle dinamiche geopolitiche globali nei prossimi anni. Osservare come i vari paesi BRICS gestiscono questi equilibri e le loro ambizioni sarà cruciale per comprendere le traiettorie future dell'ordine mondiale.

Esaminando ulteriormente i rapporti internazionali tra le nazioni BRICS e altri attori globali, è cruciale delineare come le relazioni diplomatiche, economiche e strategiche si sono sviluppate e come queste possano plasmare gli eventi futuri a livello internazionale.

7. **Commercio e Investimenti**:

   - Le BRICS rappresentano un'entità potente nel commercio mondiale, partecipando attivamente a catene di valore globali e mercati emergenti. La cooperazione e la concorrenza dentro e fuori il blocco offrono opportunità e sfide in termini di accesso ai mercati, protezionismo e riforme delle istituzioni finanziarie internazionali.

   - La Belt and Road Initiative della Cina è un esempio paradigmatico di come le nazioni BRICS stiano estendendo la loro influenza economica globalmente, creando al contempo opportunità e tensioni sia all'interno del blocco che con altri attori internazionali.

8. **Tecnologia e Innovazione**:

   - La corsa alla leadership tecnologica tra le BRICS e altri attori globali sottolinea il crescente ruolo della tecnologia e dell'innovazione nel determinare le dinamiche del potere globale.

- Le BRICS, e in particolare Cina e India, sono diventate fonti significative di innovazione tecnologica e stanno cercando di stabilire norme e standard nello spazio digitale e tecnologico a livello globale, spesso sfidando l'approccio e la dominanza occidentali.

9. **Sicurezza Globale e Regionale**:

    - Le tensioni regionali, come quelle nell'Himalaya tra Cina e India e le sfide di sicurezza affrontate dalla Russia in Europa, mostrano come le questioni di sicurezza possano avere implicazioni sia a livello bilaterale all'interno del blocco BRICS che globalmente.

    - La gestione e la mediazione dei conflitti, e il modo in cui le BRICS si posizionano in questioni di sicurezza e pace mondiali, rappresentano un aspetto vitale del loro impatto e influenza nell'ordine mondiale.

10. **Governance Globale**:

    - La partecipazione e l'influenza nelle istituzioni di governance globale, come le Nazioni Unite, il Fondo Monetario Internazionale e la Banca Mondiale, rimangono fulcri cruciali della strategia estera delle BRICS.

- La promozione di un ordine mondiale multipolare è stata una costante nelle dichiarazioni congiunte BRICS, il che implica una sfida diretta al tradizionale dominio occidentale in molte istituzioni e pratiche internazionali.

11. **Ambiente e Sostenibilità**:

- Le sfide legate al cambiamento climatico, la biodiversità e la sostenibilità ambientale sono centrali nelle agende internazionali e le BRICS svolgono un ruolo significativo, essendo sia grandi emettitori che paesi chiave per la tutela della biodiversità.

- La governance ambientale globale, i compromessi tra sviluppo e sostenibilità, e le tensioni intrinseche relative all'equità nel contesto dell'azione climatica e della protezione ambientale emergono come tematiche chiave nelle relazioni esterne delle BRICS.

12.**Sviluppo Sostenibile**:

- Le nazioni BRICS, con il loro considerevole peso demografico ed economico, hanno un impatto significativo sui progressi globali verso gli Obiettivi di Sviluppo Sostenibile delle Nazioni Unite.

- Le politiche di sviluppo sostenibile delle BRICS e il loro ruolo nello sviluppo Sud-Sud raffigurano un aspetto essenziale delle loro relazioni internazionali, mentre cercano di modellare l'agenda globale dello sviluppo in modi che riflettano i loro interessi e priorità.

13.**Diplomazia Culturale e People-to-People**:

- La diplomazia culturale e i legami "people-to-people" rappresentano un elemento cruciale per rafforzare la coesione intra-BRICS e migliorare la percezione e l'influenza del blocco a livello globale.

- Iniziative come forum accademici, culturali e scambi tra giovani sono strumenti vitali per la costruzione di ponti e la promozione della comprensione reciproca tra le società delle BRICS e oltre.

Mentre le BRICS perseguono il loro percorso per affermare e consolidare la loro influenza nel panorama internazionale, la gestione di queste molteplici e complesse dinamiche delle relazioni esterne sarà cruciale. Il modo in cui le BRICS navigano attraverso queste varie sfere e come equilibrano cooperazione e competizione, convergenza e divergenza, all'interno del blocco e nelle loro relazioni globali, rimarrà centrale nella definizione delle future traiettorie geopolitiche e geoeconomiche.

L'esplorazione delle relazioni internazionali delle nazioni BRICS continua immergendoci più in profondità nelle dinamiche geopolitiche e diplomatiche.

14. **Dinamiche di Potere e Competizione**:

- La competizione tra le BRICS e le potenze occidentali, specialmente con gli Stati Uniti e l'Unione Europea, configura una nuova geografia del potere globale. L'influenza crescente delle BRICS sul palcoscenico mondiale è spesso percepita come una sfida all'ordine liberale guidato dall'occidente.

- La crescente rivalità strategica, ad esempio nel contesto della tecnologia 5G, dove la Cina emerge come leader mondiale, incide sulla sicurezza globale e sulle alleanze internazionali, con implicazioni per la sovranità digitale e la cybersicurezza.

15. **Diplomazia Multilaterale**:

- L'impegno delle BRICS nelle piattaforme multilaterali, come il G20, l'Organizzazione Mondiale del Commercio e varie agenzie ONU, illustra la loro aspirazione a plasmare normative e accordi internazionali.

- La capacità delle BRICS di lavorare in modo coeso e presentare fronti uniti o posizioni coordinate in forum multilaterali ha il potenziale di rafforzare la loro influenza collettiva nell'architettura della governance globale.

16. **Difesa e Strategie Militari**:

- Gli armamenti e le capacità militari delle BRICS, specialmente della Russia e della Cina, sono temi essenziali nella loro proiezione di potere a livello globale e nelle loro relazioni con altre nazioni.

- La cooperazione nel settore della difesa, attraverso esercitazioni militari congiunte e dialoghi sulla sicurezza, rafforza i legami intra-BRICS e aiuta a coordinare le

posizioni su questioni di sicurezza
regionale e globale.

17. **Diritti Umani e Democrazia**:

- La questione dei diritti umani e della
  promozione della democrazia svolge un
  ruolo nelle relazioni esterne delle BRICS,
  dato che la loro prospettiva spesso
  contrasta con l'approccio occidentale.

- Le tensioni relative ai diritti umani e alla
  governance democratica, come evidenziato
  da critiche e sanzioni internazionali,
  rappresentano una dimensione cruciale
  nelle relazioni internazionali delle BRICS,
  influenzando la loro immagine e soft power
  globali.

18. **Epidemie e Salute Globale**:

- La pandemia di COVID-19 ha sottolineato
  l'importanza della cooperazione e del
  coordinamento internazionale nel campo
  della salute globale, evidenziando sia
  sinergie che tensioni tra le BRICS e altri
  attori mondiali.

- L'accesso ai vaccini, le risposte alle
  emergenze sanitarie globali e la
  cooperazione nel settore della salute

pubblica rientrano nel più ampio contesto delle relazioni internazionali delle BRICS, influenzando la percezione della loro leadership e solidarietà a livello mondiale.

19. **Energia e Risorse Naturali**:

- La sicurezza energetica e l'accesso alle risorse naturali sono tematiche chiave, con le BRICS che giocano un ruolo fondamentale nei mercati energetici globali e nelle dinamiche legate alle risorse.

- Le strategie di sicurezza energetica, gli investimenti in energie rinnovabili e le politiche in materia di cambiamento climatico sono fattori che influenzano le relazioni bilaterali e multilaterali tra le BRICS e con altri attori globali.

20. **Migrazioni e Rifugiati**:

- I flussi migratori e le crisi dei rifugiati rappresentano una sfida e un'opportunità per le nazioni BRICS sia internamente che nelle loro relazioni esterne.

- Le politiche migratorie, l'integrazione dei migranti e dei rifugiati, e la collaborazione internazionale su questioni di migrazione hanno implicazioni per la stabilità sociale, la crescita economica e la cooperazione internazionale tra le BRICS e oltre.

La gestione e la navigazione attraverso queste aree chiave e la continua evoluzione delle relazioni internazionali tra le nazioni BRICS e altri attori globali offrono una panoramica complessa e multidimensionale. L'impatto di questi fattori e la loro interconnessione generano un mosaico di cooperazione e conflitto, di sinergie e tensioni, che le BRICS devono bilanciare per mantenere e costruire la loro influenza e leadership a livello globale.

21. **Tecnologia e Cybersecurity**:

- Le nazioni BRICS svolgono un ruolo centrale nello sviluppo tecnologico e nella cybersecurity a livello mondiale, esplorando vari scenari di cooperazione e competizione. La Cina, ad esempio, è stata in prima linea nell'implementazione di tecnologie 5G, mentre l'India ha fatto passi da gigante nell'IT e nei servizi software.

- I problemi legati alla cybersecurity, come gli attacchi informatici, lo spionaggio cibernetico e la protezione dei dati, influenzano non solo le relazioni intra-BRICS ma anche le dinamiche con altri attori globali, generando nuove sfide nella

diplomazia digitale e nella sicurezza
globale.

22.   **Investimenti e Commercio**:

- Le relazioni commerciali tra le nazioni
  BRICS e il resto del mondo sono complesse
  e multifaccettate. Mentre esistono
  considerevoli flussi di investimenti e
  scambi commerciali all'interno del blocco,
  le tensioni commerciali, ad esempio tra
  Cina e Stati Uniti, delineano un ambiente
  globale competitivo.

- La "via della seta" cinese, iniziative di
  investimento in Africa, e l'integrazione
  regionale in America Latina e Asia sono
  esempi della profondità e complessità delle
  dinamiche commerciali e di investimento
  che caratterizzano le BRICS nel contesto
  globale.

23.   **Ambiente e Cambiamento Climatico**:

- Le politiche ambientali e le risposte al
  cambiamento climatico delle nazioni
  BRICS hanno un impatto significativo a
  livello globale, date le loro dimensioni e il
  loro peso economico. La Cina e l'India, in
  particolare, sono tra i maggiori emettitori
  di gas serra, e le loro politiche energetiche e

ambientali sono sotto i riflettori internazionali.

- La partecipazione delle BRICS agli accordi internazionali sul clima, come l'Accordo di Parigi, e le loro strategie nazionali per la transizione energetica e la protezione della biodiversità, configurano un'importante dimensione delle loro relazioni esterne e del loro impatto globale.

24.   **Terrorismo e Sicurezza**:

- La minaccia del terrorismo e l'estremismo violento interseca le relazioni internazionali delle BRICS. La cooperazione in materia di antiterrorismo, scambio di informazioni di intelligence e coordinamento in forum internazionali sono essenziali per affrontare le minacce trasversali alla sicurezza.

- Dall'insorgenza in varie regioni africane alla tensione in Kashmir e alle problematiche cecene in Russia, la questione del terrorismo ha implicazioni sia a livello nazionale che internazionale per le BRICS, influenzando la loro diplomazia e le loro politiche di sicurezza.

25. **Cooperazione Scientifica e Ricerca**:

- La cooperazione in ambito scientifico e di ricerca tra le BRICS e con altri partner internazionali è fondamentale per il progresso tecnologico e lo sviluppo sostenibile. La collaborazione nelle missioni spaziali, nella ricerca medica, e nell'IA apre nuovi orizzonti di partenariato e competizione.

- La diplomazia scientifica e gli scambi accademici rappresentano un altro strato delle relazioni internazionali delle BRICS, dove la condivisione e la competizione per il know-how, le innovazioni e le scoperte scientifiche modellano le interazioni e influenzano le dinamiche globali.

26. **Cultura e Soft Power**:

- La promozione della cultura e l'esercizio del soft power attraverso i media, l'arte, lo sport e l'educazione sono strategie chiave utilizzate dalle BRICS per costruire la propria immagine e influenza a livello globale. Ad esempio, la diffusione della cultura cinese attraverso Confucius Institutes nel mondo.

- La diplomazia culturale e la promozione del turismo tra le nazioni BRICS e oltre contribuiscono a costruire ponti e a influenzare le percezioni reciproche, avendo così un impatto sugli scambi umani e le relazioni internazionali.

Le relazioni internazionali delle BRICS sono tessute attraverso una rete complessa di collaborazione e competizione in varie aree, includendo ma non limitandosi a quelle elencate. L'interazione tra questi fattori e il loro impatto sulle dinamiche globali offrono un terreno fertile per ulteriori analisi e discussione, esplorando come le BRICS modellano e sono modellate dal contesto internazionale contemporaneo.

Continuando la disamina sui rapporti internazionali delle nazioni BRICS:

27. **Diplomazia Multilaterale**:

    - Le BRICS giocano un ruolo determinante in numerosi forum multilaterali, come l'ONU, il G20 e l'OMC, influenzando la normativa e la governanza globale. L'approccio delle BRICS alla diplomazia multilaterale alterna spesso collaborazione e contenzioso, a seconda delle questioni e degli interessi in gioco.

- La loro capacità di plasmare l'ordine globale è intricata e variegata, data la diversità dei paesi membri e delle loro rispettive agende internazionali, con l'India, ad esempio, che spinge per una riforma del Consiglio di Sicurezza dell'ONU, e la Cina che rafforza il suo ruolo nell'OMC.

28. **Energia e Risorse**:

- Le BRICS sono attori significativi nel panorama energetico globale, con la Russia come uno dei maggiori esportatori di gas naturale e petrolio, e la Cina come uno dei maggiori consumatori. Le dinamiche dei mercati energetici, le rotte delle pipeline e le politiche energetiche sono tutte parte integrante delle loro relazioni esterne.

- Gli investimenti nelle energie rinnovabili, come l'energia solare in India e i progetti eolici in Brasile, oltre alla necessità di garantire l'accesso a risorse chiave come le terre rare, sono tutti aspetti che permeano la politica estera delle BRICS e influenzano le relazioni con altri paesi e blocchi regionali.

29.   **Globalizzazione vs Nazionalismo**:

- L'equilibrio tra tendenze alla globalizzazione e spinte nazionalistiche è un altro elemento chiave nella politica estera delle BRICS. Ad esempio, mentre la Cina ha spesso promosso una narrativa di globalizzazione, nel contesto del nazionalismo economico, la Russia ha perseguito una forma di nazionalismo politico sul piano internazionale.

- Questa dicotomia tra apertura e isolazionismo, tra cooperazione e unilateralismo, influenza non solo le politiche domestiche ma anche le interazioni globali delle BRICS, creando spesso scenari complessi e contraddittori nelle loro relazioni internazionali.

30.   **Diritti Umani e Democrazia**:

- Le BRICS presentano un quadro variegato per quanto riguarda il rispetto dei diritti umani e i principi democratici. Mentre paesi come il Brasile e il Sudafrica hanno una storia di transizione democratica, la Cina e la Russia sono spesso criticate per il loro approccio autoritario.

- Le differenze nei sistemi politici e nelle norme sui diritti umani rappresentano spesso un ostacolo nelle relazioni con altri paesi e influenzano la capacità delle BRICS di presentarsi come un fronte unito in diverse questioni internazionali.

31. **Migrazione e Rifugiati**:

   - I flussi migratori e le questioni relative ai rifugiati sono temi critici nelle relazioni internazionali delle BRICS. L'India ha affrontato sfide significative relative alle crisi dei rifugiati con i paesi vicini, mentre il Brasile ha assistito a flussi migratori significativi dalla Venezuela.

   - La gestione della migrazione, sia interna che internazionale, e le risposte alle crisi dei rifugiati toccano vari aspetti delle politiche delle BRICS, inclusi lo sviluppo, la sicurezza, e le relazioni con i paesi vicini e l'intera comunità internazionale.

Questi aspetti forniscono una lente attraverso cui osservare la complessità delle relazioni internazionali delle BRICS, in cui le politiche nazionali, le tendenze globali, e le specificità regionali convergono in una matrice complessa e spesso contraddittoria. La navigazione attraverso questi diversi, e a volte conflittuali, temi e dinamiche offre un panorama ricco e multiforme che necessita di ulteriori ricerche e analisi dettagliate per comprendere pienamente il ruolo e l'impatto delle BRICS nel contesto globale attuale.

Conclusione sul Punto "Rapporti Internazionali e le BRICS":

Mentre le BRICS continuano ad emergere come potenze significative sul palcoscenico mondiale, le loro interrelazioni e i rapporti con altri attori globali restano un insieme multistrato di collaborazione, competizione e, a tratti, conflitto. Le loro traiettorie in termini di politica estera sono fortemente influenzate dalle rispettive identità nazionali, aspirazioni globali e dalla dinamica geopolitica e geo-economica della contemporaneità.

In un mondo che si sta rapidamente evolvendo e che è segnato da una crescente polarizzazione e da nuove sfide globali, come i cambiamenti climatici, le pandemie e le crisi dei rifugiati, la coalizione delle BRICS incarna una realtà unica, radicata nei suoi proprie contraddizioni e nelle disparità interne, ma allo stesso tempo ricca di potenzialità in termini di plasmare il futuro dell'ordine mondiale.

- **Ruolo nelle Organizzazioni Internazionali**:

  - Le BRICS, pur mantenendo un atteggiamento critico nei confronti dell'ordine internazionale esistente e delle sue istituzioni, sono profondamente immerse nelle dinamiche delle principali organizzazioni mondiali e regionali, contribuendo attivamente alla creazione di norme globali e allo sviluppo di nuove piattaforme e forum multilaterali.

- **Risorse Naturali e Sostenibilità**:

  - Le questioni legate all'accesso e alla gestione delle risorse naturali, così come le sfide legate alla sostenibilità e ai cambiamenti climatici, non solo modellano le politiche nazionali delle BRICS ma influenzano anche la loro interazione con il resto del mondo, spingendo verso un dialogo tra sviluppo economico, sicurezza energetica e sostenibilità ambientale.

- **Governance Globale e "Soft Power"**:

  - In termini di governance globale e esercizio del "soft power", le BRICS si pongono come alternativa, proponendo modelli e prassi che riflettono le loro esperienze e visioni specifiche, affermando così una pluralità di voci e di scelte politiche ed economiche sul palcoscenico mondiale.

- **Tecnologia e Cybersecurity**:

  - La crescente rilevanza delle tematiche relative alla tecnologia, alla digitalizzazione e alla cybersecurity mette in luce l'importanza strategica dell'innovazione e della sicurezza informatica nei rapporti internazionali delle BRICS, con implicazioni che spaziano dallo sviluppo economico alla sicurezza nazionale e alla protezione dei diritti umani.

- **Cooperazione vs Divergenze**:

  - Pur essendo unite da un comune interesse nel rivisitare l'ordine globale, le divergenze interne in merito a questioni chiave come la democrazia, la governance e le alleanze strategiche globali rappresentano un punto critico, il quale potrebbe sia indebolire l'unità del blocco che generare nuove forme di collaborazione e sinergia tra membri.

Il panorama delle relazioni internazionali delle BRICS si prospetta dunque come un tessuto intricato, dove le ambizioni di leadership globale si mescolano a una pragmatica gestione delle sfide e delle opportunità emergenti. La strada verso un ordine mondiale più equo ed equilibrato, che tenga conto delle voci e degli interessi di una gamma più ampia di attori, passa inevitabilmente attraverso una comprensione più profonda e sfaccettata di questi attori emergenti e del loro impatto sui meccanismi della politica globale.

In questo senso, un'analisi più dettagliata e inclusiva dei rapporti internazionali delle BRICS richiede un approccio che vada oltre la semplice dinamica della potenza e che consideri una pluralità di fattori e dimensioni, tra cui le aspirazioni della società civile, le dinamiche regionali, e il ruolo delle norme e delle idee nella configurazione delle politiche estere e delle interazioni globali.

La comprensione del loro ruolo e impatto non può prescindere da un'analisi che tenga conto della complessità e della multidimensionalità dei fattori in gioco, offrendo così un quadro più ricco e differenziato delle traiettorie future possibili per le BRICS e per il sistema internazionale nel suo complesso.

5. Nuovo Ordine Mondiale • Definizione e concetti chiave del nuovo ordine mondiale.

Il concetto di "Nuovo Ordine Mondiale" è estremamente vasto e può essere analizzato da molteplici prospettive. In termini generali, si riferisce a una fase o una visione di un rinnovato sistema internazionale, caratterizzato da dinamiche, regole e attori differenti rispetto a quelli tradizionali. Ecco alcuni punti focali che possono rappresentare spunti di approfondimento e discussione su questo tema:

1. Definizioni e Interpretazioni:

- Comprendere varie definizioni e interpretazioni del "Nuovo Ordine Mondiale" da diverse angolazioni e teorie internazionali.

- Analizzare i cambiamenti post-Guerra Fredda, il declino del bipolarismo, e la crescente multipolarità come sfondo per l'emergere di nuovi attori e dinamiche sul palcoscenico internazionale.

2. Polarità del Potere Globale:

- Analizzare il passaggio da un ordine unipolare/multipolare a scenari alternativi e cosa ciò implica in termini di bilanciamento del potere globale.

- Esaminare il ruolo degli Stati Uniti, della Cina e di altri centri di potere emergenti nel plasmare la nuova architettura globale.

3. Istituzioni e Governance Globale:

- Esplorare il ruolo delle istituzioni esistenti (come l'ONU, il FMI, la Banca Mondiale) e se e come queste si adattano al cambiamento delle dinamiche globali.

- Valutare l'emergere di nuove istituzioni e piattaforme multilaterali, come ad esempio le BRICS e il loro impatto sulla governance globale.

4. Economia e Globalizzazione:

- Valutare come le tendenze della globalizzazione e l'ascesa di nuovi attori economici hanno contribuito a riconfigurare l'economia mondiale.

- Analizzare come il nuovo ordine mondiale affronta questioni come la disuguaglianza, l'accesso alle risorse, e la gestione delle crisi economiche.

5. Sicurezza e Conflitti:

- Esaminare come le questioni di sicurezza sono affrontate in questo nuovo contesto: minacce non tradizionali, guerre asimmetriche, terrorismo, cyber-sicurezza, ecc.

- Indagare i conflitti e le tensioni esistenti e potenziali tra le varie potenze globali e regionali.

6. Tecnologia e Informazione:

- Analizzare il ruolo delle nuove tecnologie e dei media digitali nel modellare la politica, l'economia e le società a livello globale.

- Esplorare questioni di cyber-sicurezza, spionaggio industriale e guerra informatica nel nuovo ordine mondiale.

7. Diritti Umani e Democrazia:

- Esplorare il ruolo della promozione dei diritti umani e della democrazia nel nuovo ordine mondiale.

- Analizzare come differenti regimi politici e ideologie coesistono e interagiscono a livello internazionale.

8. Ambiente e Sostenibilità:

- Esaminare come le sfide ambientali, il cambiamento climatico e le questioni di sostenibilità sono integrate nelle politiche globali.

- Analizzare come le strategie di sviluppo sostenibile si intrecciano con le dinamiche economiche e politiche globali.

Questi temi costituiscono solo alcuni degli aspetti cruciali per esplorare la complessità del concetto di "Nuovo Ordine Mondiale". Ciascun punto potrebbe essere sviluppato ulteriormente, includendo dettagliati studi di caso, analisi comparative e approfondimenti teorici per fornire una panoramica completa e multifaccettata della materia. Inoltre, l'interconnessione tra questi diversi temi richiederà un'analisi che possa cogliere la complessità delle interdipendenze globali in questo emergente contesto internazionale.

Aspetti Socio-Culturali e Ideologici del Nuovo Ordine Mondiale

9. **Identità e Nationalismo**:

   - Sondare l'interazione tra globalizzazione e le identità nazionali, esaminando come il nazionalismo si manifesta nel contesto del nuovo ordine mondiale.

   - Analizzare come le nuove alleanze e gli scontri globali influenzano le costruzioni di identità all'interno delle nazioni e come questo può influenzare la geopolitica globale.

10.   **Movimenti Sociali**:

- Valutare il ruolo dei movimenti sociali globali, come quelli per la giustizia sociale, economica e ambientale, all'interno delle dinamiche del nuovo ordine mondiale.

- Esplorare come questi movimenti possono incidere sulla politica internazionale e su quali piattaforme globali operano.

11. **Cultura e Soft Power**:

- Approfondire il concetto di "soft power" e come la cultura e i valori vengono utilizzati dagli stati e dalle entità non statali per esercitare influenza a livello globale.

- Indagare le implicazioni della diffusione culturale e della competizione tra diverse "culture" o "civilizzazioni" all'interno del nuovo contesto globale.

12. **Religione e Geopolitica**:

- Analizzare il ruolo delle religioni e delle identità religiose nel plasmare le dinamiche internazionali, inclusi i conflitti, le alleanze e le politiche estere.

- Esplorare la tensione tra principi secolari e religiosi nelle governance globali e locali.

Aspetti Legali e Normativi

13. **Legge Internazionale**:

    - Valutare come il diritto internazionale si adatta e viene implementato all'interno del nuovo ordine mondiale, considerando temi come la sovranità, il diritto umanitario e il diritto del mare.

    - Esaminare i meccanismi legali esistenti e potenziali per la risoluzione dei conflitti e la gestione delle dispute internazionali.

14. **Norme e Standard**:

    - Analizzare come le norme e gli standard globali (ad es., in materia di diritti umani, ambiente, tecnologia, ecc.) vengono stabiliti, implementati e fatti rispettare.

    - Esplorare come le differenti visioni e valori globali confluiscono nella creazione di norme internazionali.

Aspetti Sanitari e Scientifici

15. **Salute Globale**:

    - Indagare come le questioni di salute globale, come le pandemie e la salute pubblica, sono gestite e come influenzano la stabilità e la cooperazione internazionale.

- Analizzare le implicazioni di crisi sanitarie globali sulla politica, l'economia e la società a scala internazionale.

16. **Scienza e Innovazione**:

- Esaminare il ruolo della scienza e dell'innovazione tecnologica nel plasmare il nuovo ordine mondiale, comprese le questioni etiche, legali e sociali che emergono.

- Valutare come la competizione e la collaborazione scientifica e tecnologica siano integrate nelle strategie nazionali e internazionali.

Dinamiche Regionali e Sotto-Regionali

17. **Integrazione Regionale**:

- Analizzare le dinamiche e gli impatti delle formazioni e integrazioni regionali (es. UE, ASEAN, MERCOSUR) all'interno del più ampio contesto globale.

- Esaminare come questi blocchi regionali influenzano e sono influenzati dal nuovo ordine mondiale.

18.   **Conflitti e Cooperazione a Livello Regionale**:

- Studiare come i conflitti e la cooperazione a livello regionale e sotto-regionale si sviluppano e come interagiscono con le dinamiche globali.

- Valutare le dinamiche tra potenze regionali e attori non statali (come organizzazioni terroristiche o cartelli della droga) nel plasmare l'ordine locale e globale.

Intrecci e Risonanze Globali

19. **Transnazionalismo**:

- Esplorare il ruolo degli attori transnazionali, come le multinazionali e le ONG, nel creare, influenzare e sfidare l'ordine globale.

- Analizzare come queste entità cooperano e confliggono con gli stati e le istituzioni internazionali.

20.   **Casus Belli e Pacificazione**:

- Investigare su come le cause dei conflitti cambiano, persistono o evolvono nel nuovo ordine mondiale.

- Esaminare meccanismi e strumenti di pacificazione e stabilizzazione dopo i conflitti e come questi siano applicabili in diversi contesti.

Ogni tema suddetto richiede un'elaborazione approfondita e una discussione critica basata su teorie, dati empirici, esempi concreti e analisi di scenario. Il potenziale per elaborare ognuno di questi temi è vasto e necessiterà di un'accurata ricerca e analisi per fornire una comprensione lucida e multidimensionale del "Nuovo Ordine Mondiale".

Il concetto del "Nuovo Ordine Mondiale" è intricato e multiforme, sfumato dalle diverse prospettive geopolitiche e socioculturali che lo intersecano. Innanzitutto, è fondamentale esaminare le concezioni ideologiche che delineano l'idea del nuovo ordine mondiale: comprendere, cioè, come differenti attori, stati, e non-stati, lo percepiscono e come lo materializzano nelle loro agende politiche e strategiche.

Uno degli aspetti chiave che vale la pena esplorare ulteriormente riguarda la bilancia di potere globale. In un contesto in cui gli equilibri globali stanno mutando, l'emergere delle potenze BRICS (Brasile, Russia, India, Cina, Sudafrica) fornisce un punto focale interessante per analizzare come le nuove dinamiche di potere stiano ridefinendo le relazioni internazionali. La crescente influenza di questi paesi ha generato nuove alleanze, non solo tra di loro ma anche con altre nazioni emergenti, e ha stimolato nuove dinamiche nelle istituzioni internazionali, come le Nazioni Unite, il Fondo Monetario Internazionale e la Banca Mondiale.

A un livello più ampio, il nuovo ordine mondiale può essere visto attraverso la lente dell'"Occidente contro il Resto". Il termine "Occidente" qui può essere inteso come un costrutto che rappresenta non solo una localizzazione geografica ma anche un insieme di valori, norme e sistemi politici ed economici, che spesso vengono visti in contrapposizione o in competizione con altre "civilizzazioni" o sistemi politico-economici. La crescente influenza di paesi come la Cina, con il suo modello di autoritarismo capitalista, o la Russia, con il suo approccio assertivo alla geopolitica, sfida la precedente predominanza delle nazioni occidentali e delle loro ideologie liberali.

Un ulteriore elemento meritevole di esplorazione è il ruolo delle tecnologie emergenti e dell'innovazione nel configurare il nuovo ordine mondiale. La corsa alla leadership tecnologica, in campi come l'intelligenza artificiale, la biotecnologia e la tecnologia spaziale, è fondamentale per guadagnare vantaggio in termini di soft e hard power sul palcoscenico mondiale. Le nazioni BRICS stanno, ad esempio, investendo massicciamente in queste aree per garantirsi un posto nel futuro panorama geopolitico globale.

D'altro canto, le questioni ambientali e climatiche offrono un altro prisma attraverso il quale osservare le trasformazioni dell'ordine mondiale. La crescente urgenza delle sfide climatiche globali, unite alle ambizioni di sviluppo sostenibile, modella nuove alleanze e genera nuovi conflitti. La gestione delle risorse naturali, l'accesso e il controllo di queste, e le strategie di mitigazione e adattamento ai cambiamenti climatici diventano tutte dimensioni cruciali attraverso cui le nazioni cercano di navigare e negoziare il loro posto nel sistema internazionale.

Inoltre, è fondamentale osservare come le identità nazionali e le questioni connesse all'identità influenzino la percezione e la partecipazione al nuovo ordine mondiale. Le politiche interne, gli orientamenti ideologici, e la costruzione dell'identità nazionale di un paese contribuiscono notevolmente a definire come questo si colloca e interagisce con gli altri attori globali. Questo, a sua volta, può essere utilizzato per esaminare come le nazioni BRICS stanno utilizzando la loro crescente influenza per ridefinire le narrazioni e le strutture del potere globale.

Il discorso sul nuovo ordine mondiale ed il ruolo delle BRICS inevitabilmente ci porta a considerare il contesto socio-economico globalizzato e il sistema di governance globale. Un elemento critico in quest'ottica riguarda il modo in cui la globalizzazione e le sue dinamiche influenzano sia le potenze stabilite che quelle emergenti. Per esempio, come le nazioni BRICS navigano attraverso il sistema economico globale, che, in parte, è stato strutturato e guidato da nazioni e blocchi di potere già stabilizzati? E come le loro strategie di sviluppo e industrializzazione influenzano la redistribuzione della ricchezza e del potere a livello globale?

Ulteriormente, non si può trascurare il ruolo della digitalizzazione nell'ordinamento mondiale contemporaneo. L'era digitale ha permeato ogni aspetto della società e della governance globale, influenzando la politica, l'economia, e la società a livello tanto nazionale quanto internazionale. La digitalizzazione, attraverso fenomeni come il cyber-spazio e la cyber-sicurezza, ha aperto nuovi fronti di cooperazione e conflitto. Le nazioni BRICS hanno manifestato un interesse significativo nello sviluppo di tecnologie digitali, non solo come strumenti per il progresso economico, ma anche come meccanismi per influenzare la geopolitica e garantire la sicurezza nazionale.

Parallelamente, la dimensione socio-culturale del nuovo ordine mondiale è altrettanto pervasiva e complessa. Le nazioni BRICS, con le loro identità e culture uniche, si interfacciano con il sistema internazionale non solo attraverso la lente economica o politica, ma anche attraverso la promozione e l'interazione delle loro culture e valori. L'intersezione tra geopolitica e cultura, che spesso si manifesta attraverso il soft power, è fondamentale per comprendere come le identità nazionali sono proiettate e percepite nel contesto internazionale.

Un altro punto di rilievo è la questione della sicurezza. Il concetto di sicurezza ha subito una significativa evoluzione, soprattutto in relazione alle sfide poste dall'ambiente digitale e dalle nuove dinamiche di potere. Mentre le tradizionali sfide alla sicurezza, come i conflitti territoriali e le rivalità geopolitiche, rimangono rilevanti, nuove questioni quali la sicurezza cybernetica, la sicurezza ambientale e la sicurezza sanitaria globale si sono imposte con forza nell'agenda internazionale. La recente pandemia di COVID-19, ad esempio, ha evidenziato la vulnerabilità del sistema globale e l'importanza di costruire resilienza e capacità di risposta a sfide trasversali e interconnesse.

È anche indispensabile esplorare il tema della legittimità e dell'efficacia delle istituzioni internazionali nell'ambito del nuovo ordine mondiale. Come le BRICS percepiscono e interagiscono con le istituzioni internazionali esistenti? Come cercano di riformarle o crearne di nuove al fine di riflettere e sostenere i loro interessi e visioni? Questi sono aspetti chiave che definiscono la loro strategia nel plasmare un ordine mondiale che sia a loro favorevole.

Infine, ma non meno importante, le disuguaglianze globali, sia tra nazioni che all'interno delle stesse, giocano un ruolo fondamentale nel determinare le dinamiche del nuovo ordine mondiale. Come le BRICS affrontano le questioni di disuguaglianza e giustizia sociale, tanto a livello nazionale quanto internazionale? E come queste dinamiche influenzano la loro posizione e strategia nel contesto globale? Le loro politiche interne ed esterne riflettono e rispondono a questi problemi critici, creando, così, nuove dinamiche e tensioni che meritano un'analisi approfondita nel contesto del nuovo ordine mondiale.

Approfondendo ulteriormente la tematica del nuovo ordine mondiale e della posizione delle BRICS in esso, è fondamentale considerare il cambiamento climatico e la sostenibilità ambientale come vettori decisivi di sviluppo e cooperazione internazionale. Il modo in cui questi paesi gestiscono i propri obblighi ambientali e perseguono obiettivi di sostenibilità ha ripercussioni profonde sulla loro interazione con la comunità internazionale e sul loro profilo di leadership globale.

Il cambiamento climatico, ad esempio, è un campo che non solo riguarda questioni ecologiche, ma anche questioni sociali, economiche e geopolitiche. Le implicazioni delle scelte in termini di politiche energetiche, protezione della biodiversità, e gestione delle risorse naturali, rappresentano un importante aspetto della proiezione internazionale delle BRICS. La transizione energetica verso fonti più pulite, l'adattamento ai cambiamenti climatici e la mitigazione dei loro effetti sono questioni che intersecano vari settori, creando nuove opportunità e sfide per questi paesi.

Inoltre, la questione dei diritti umani e della governance democratica rappresenta un ulteriore elemento da esaminare nel discorso sulle BRICS e il nuovo ordine mondiale. La tutela dei diritti umani e la promozione della democrazia sono temi centrali nel dibattito internazionale, e le BRICS, con le loro diverse realtà e approcci in termini di diritti civili e politici, contribuiscono in modo significativo a definire e, in alcuni casi, a ridisegnare le narrative e le prassi a livello globale. La maniera in cui affrontano questioni come la libertà di espressione, i diritti delle minoranze e la giustizia sociale, non solo influisce sulla loro posizione e reputazione internazionale, ma definisce anche le dinamiche interne ed esterne e gli equilibri di potere.

È anche rilevante esplorare come la diplomazia delle BRICS si sia evoluta nel contesto delle dinamiche Sud-Sud e in relazione alle sfide dello sviluppo. I rapporti di cooperazione e di competizione tra i paesi del Sud del mondo presentano delle dinamiche peculiari che meritano di essere analizzate per comprendere come le

BRICS navigano in questo contesto e come cercano di posizionarsi come leader nelle dinamiche Sud-Sud. L'assistenza allo sviluppo, gli investimenti infrastrutturali, la cooperazione tecnologica e la solidarietà politica sono tutti aspetti che caratterizzano il ruolo delle BRICS nelle relazioni Sud-Sud.

Inoltre, l'interazione delle BRICS con altre alleanze e blocchi regionali e internazionali è essenziale per comprendere come si posizionano nel panorama globale. Il modo in cui si interfacciano con organizzazioni come le Nazioni Unite, il Fondo Monetario Internazionale, la Banca Mondiale, e con altri blocchi e iniziative regionali (come l'Unione Europea, l'ASEAN, la CELAC, ecc.), dà forma al contesto in cui le loro strategie e politiche prendono forma e vengono attuate.

In aggiunta, il ruolo delle BRICS in contesti di crisi internazionali e nei processi di peacekeeping e peacebuilding è un aspetto che incide notevolmente sulle loro dinamiche di interazione e sulle percezioni a livello globale. Come si posizionano in situazioni di conflitto? Qual è il loro approccio alla risoluzione delle crisi e alla costruzione della pace? Queste domande sono vitali per capire la natura del loro impegno nella governanza globale e per analizzare la loro influenza nell'architettura internazionale della sicurezza e della pace.

Questi aspetti, uniti a quelli precedentemente discussi, contribuiscono a disegnare un quadro complesso e sfaccettato del ruolo delle BRICS nel nuovo ordine mondiale. Ogni dimensione esplorata apre nuove possibilità di analisi e di comprensione delle dinamiche che caratterizzano il sistema internazionale e le strategie dei suoi attori principali.

Esplorando ulteriormente il concetto del Nuovo Ordine Mondiale (NOM) e la posizione delle BRICS all'interno di questo contesto, emerge la necessità di esaminare un elemento chiave: la geopolitica delle tecnologie emergenti e l'innovazione. L'innovazione tecnologica, specie nei settori dell'intelligenza artificiale, della biotecnologia, delle energie rinnovabili e delle tecnologie digitali, sta diventando un terreno cruciale su cui si gioca la competizione globale. Le BRICS, che collettivamente posseggono un'enorme capacità in termini di risorse umane, ricerca scientifica e potenziale di mercato, svolgono un ruolo sempre più prominente in questo contesto.

Il discorso intorno alla digitalizzazione e all'innovazione tecnologica ha profonde implicazioni per l'ordine globale, tanto da suggerire l'emergere di una "nuova corsa agli armamenti tecnologici", in cui le potenze globali e quelle emergenti competono per stabilire norme, standard e architetture di governance nel cyberspazio e nelle tecnologie emergenti. Le BRICS rappresentano un blocco eterogeneo in questo contesto, con membri come la Cina che sono leader globali in vari settori tecnologici, mentre altri paesi membri stanno cercando di navigare e affermare i propri interessi e valori in questo ambiente in rapida evoluzione.

Inoltre, l'evoluzione del concetto di sicurezza, che ora abbraccia non solo le tradizionali minacce militari ma anche sfide come le pandemie, la sicurezza cibernetica, e i cambiamenti climatici, esige una riconsiderazione delle strategie e delle alleanze. Le BRICS, attraverso meccanismi come il Nuovo Banco di Sviluppo, stanno cercando di definire e implementare approcci collaborativi e solidali per affrontare queste minacce multidimensionali, riflettendo le loro aspirazioni e concezioni di un ordine mondiale più equo e inclusivo.

Altro aspetto chiave è il concetto di multilateralismo e la sua evoluzione nel contesto attuale. Le BRICS sostengono un multilateralismo che rispecchia meglio le realtà e i bilanciamenti di potere del 21° secolo, uno che considera la crescente influenza di attori non occidentali e aspira a un sistema internazionale più equilibrato e rappresentativo. Questo implica non solo la partecipazione attiva in istituzioni multilaterali esistenti, ma anche la creazione e il sostegno di nuove iniziative e piattaforme, come la già citata Banca di Sviluppo BRICS e altre iniziative multilaterali e plurilaterali.

La cultura e la società sono altrettanto vitali nella definizione delle posizioni globali delle BRICS e nel loro ruolo nel nuovo ordine mondiale. Le dinamiche sociali, culturali ed etniche all'interno di questi paesi e il modo in cui interagiscono con le politiche estere e globali, oltre alle interazioni tra società civile, settore privato e governo, sono essenziali per comprendere le motivazioni, le strategie e l'impatto delle BRICS a livello internazionale. Le BRICS sono case di ricche diversità culturali e societali, e le loro identità nazionali e narrazioni sono intrinsecamente legate alla loro proiezione esterna e alla loro percezione e interazione con l'ordine globale.

Infine, l'etica e i valori che guidano le politiche esterne delle BRICS e il loro approccio alla governance globale sono critici per decifrare la loro agenda e la loro traiettoria nel nuovo ordine mondiale. Essendo un blocco non omogeneo con diversi sistemi politici, valori e priorità, le BRICS offrono un terreno fertile per esplorare come diversi concetti di giustizia, equità, sviluppo e sicurezza si traducono in politiche concrete e iniziative di cooperazione, e come questi sono negoziati e armonizzati all'interno del blocco.

Questi e molti altri aspetti contribuiscono a creare un mosaico complesso e sfumato del ruolo delle BRICS nel contesto del nuovo ordine mondiale, richiedendo una valutazione approfondita e multi-dimensionale che tenga conto delle numerosi intersezioni e implicazioni delle varie dinamiche in gioco.

Il concetto del Nuovo Ordine Mondiale (NOM) è strettamente intrecciato con il contesto geopolitico e socio-economico globale. Esaminando il ruolo delle BRICS in questo panorama, è fondamentale considerare come questi paesi interpretino e influenzino i cambiamenti in corso e, più in generale, la ristrutturazione della scena internazionale.

In tale contesto, l'importanza delle strategie di soft power e dell'influenza culturale non può essere sottovalutata. Le BRICS, ognuna con un patrimonio culturale distinto e significativo, stanno utilizzando sempre di più le loro risorse culturali come strumenti per proiettare potere e influenza a livello globale. Il cinema, l'arte, la musica, e altre forme di espressione culturale diventano veicoli attraverso i quali questi paesi comunicano i loro valori, le loro storie e le loro visioni del mondo, cercando così di plasmare narrativa e percezioni globali.

Ogni membro delle BRICS ha sviluppato, in diversa misura, strategie di soft power per elevare il proprio status e rafforzare le proprie agende a livello internazionale. Ad esempio, la Cina ha ampliato la sua rete di istituzioni culturali e educative globali, come i centri Confucio, promuovendo la lingua e la cultura cinesi in tutto il mondo. Analogamente, il Brasile ha utilizzato il proprio carisma culturale e sportivo (pensiamo al calcio e al carnevale) per rafforzare il proprio marchio a livello internazionale.

Nel discutere il NOM, è anche cruciale considerare il concetto di "giustizia globale" e come le BRICS vedono e navigano attraverso questo concetto in rapporto ai loro interessi e obiettivi nazionali. I paesi BRICS hanno spesso sottolineato la necessità di un ordine mondiale più giusto ed equo, che affronti le disuguaglianze strutturali e offra opportunità e voce ai paesi in via di sviluppo.

La questione dello sviluppo sostenibile è un altro elemento chiave nell'analisi delle dinamiche BRICS-NOM. Le BRICS sono centrali nei dibattiti sullo sviluppo sostenibile, dato il loro significativo impatto ambientale e le sfide che affrontano in termini di sviluppo e crescita. La gestione delle risorse naturali, la transizione energetica e le politiche ambientali sono temi critici che queste economie emergenti devono affrontare, sia a livello nazionale sia come parte della loro agenda e responsabilità internazionali.

La diplomazia del vaccino nel contesto della pandemia di COVID-19 è un altro esempio pertinente della posizione delle BRICS nel nuovo ordine mondiale. La pandemia ha messo in evidenza sia le divisioni che le opportunità per la cooperazione internazionale. Paesi come la Cina e la Russia hanno utilizzato la fornitura di vaccini come uno strumento di diplomazia, cercando di aumentare la loro influenza e partnership attraverso la distribuzione di vaccini in varie regioni del mondo.

È anche fondamentale esplorare le dimensioni della sicurezza e della difesa nel contesto BRICS-NOM. Come i paesi BRICS percepiscono e affrontano le minacce alla sicurezza, sia a livello regionale sia globale, e come coordinano e cooperano in queste questioni, è vitale per comprendere i loro ruoli e influenze nel panorama globale.

Inoltre, la natura e le dinamiche delle coalizioni e delle alleanze internazionali sono centrali nel disegnare le prospettive future del NOM e della posizione delle BRICS al suo interno. In un mondo in cui le tensioni tra le principali potenze mondiali sono in aumento, le alleanze e le partnership si stanno ridefinendo e evolvendo.

Continuare a esplorare e sondare questi e altri temi offrirà una comprensione approfondita e matizzata delle modalità con cui le BRICS navigano, plasmano e sono plasmate dal contesto del nuovo ordine mondiale emergente.

L'analisi delle BRICS e del Nuovo Ordine Mondiale (NOM) ci porta a sondare ulteriori sfaccettature della presenza e dell'influenza di questi paesi sullo scenario internazionale. La tecnologia, la cybersicurezza e la digitalizzazione sono aspetti cruciali da esplorare quando si parla della postura di queste nazioni all'interno della geometria globale del potere.

Il ruolo delle BRICS nell'era digitale è particolarmente significativo in un mondo sempre più interconnesso. La Cina, ad esempio, si è posizionata come una superpotenza digitale, investendo massicciamente in tecnologie come l'intelligenza artificiale, il 5G e la blockchain. La sua Iniziativa della Cintura e della Strada Digitale mira a estendere la sua influenza digitale a livello globale, connettendo infrastrutture di telecomunicazione, sviluppando progetti di e-commerce e finanza digitale e promuovendo la propria visione del cyberspazio a livello internazionale.

L'India, con una popolazione estremamente connessa e un settore IT in rapida crescita, è anche un attore importante nel dominio digitale. Il paese si confronta con sfide e opportunità che derivano dall'essere una delle più grandi democrazie digitali, incluse questioni di privacy dei dati, governance di internet e digitalizzazione dell'economia.

La Russia, con la sua expertise in cybersicurezza e la sua attiva presenza nel cyberspazio, gioca un ruolo influente nel panorama della sicurezza cibernetica globale. Le sue capacità in ambito di cyber-intelligence e cyber-difesa sono rilevanti quando si parla delle dinamiche del NOM e delle tensioni cyber-politiche a livello mondiale.

Le criptovalute e la finanza digitale sono un altro tema importante che intreccia le BRICS e il NOM. La Cina ha lanciato la propria valuta digitale, mentre altri paesi BRICS esplorano attivamente le opportunità e le sfide delle tecnologie finanziarie digitali e delle criptovalute. La digitalizzazione delle finanze ha il potenziale di ristrutturare l'economia globale, offrendo nuovi meccanismi per il commercio, l'investimento e la governance economica.

Le questioni legate alla giustizia sociale e alla disuguaglianza sono anche cruciali quando si discute delle BRICS e del NOM. Ogni membro delle BRICS affronta sfide significative legate alla disuguaglianza, sia a livello nazionale che internazionale. La lotta contro la povertà, la promozione dell'uguaglianza di genere e l'accesso all'istruzione e alla salute sono questioni che riflettono le agende nazionali e influenzano le posture internazionali dei paesi BRICS.

La questione del cambiamento climatico è fondamentale. Le BRICS, con l'India, la Cina e il Brasile tra i maggiori inquinatori al mondo, hanno un ruolo significativo da giocare nella lotta globale contro il cambiamento climatico. Le loro politiche energetiche, gli impegni internazionali e le strategie di sviluppo sostenibile sono componenti vitali delle loro presenze internazionali e delle dinamiche del NOM.

Le dinamiche demografiche e la governance dei flussi migratori sono altri aspetti che imbricano BRICS e NOM. La gestione delle migrazioni, sia interne che internazionali, e le politiche demografiche dei paesi BRICS hanno implicazioni per il lavoro, lo sviluppo e la sicurezza sia a livello nazionale che globale.

Le strategie diplomatiche e l'uso della diplomazia pubblica e culturale da parte delle BRICS, le loro narrative nazionali e l'immagine che proiettano a livello internazionale sono vitali per comprendere come queste nazioni influenzino e siano influenzate dal nuovo ordine mondiale emergente.

In questo scenario complesso e multi-sfaccettato, le BRICS continuano a navigare, contribuendo attivamente a formare e a essere formate dalle dinamiche e dalle trasformazioni del nuovo ordine mondiale. Continuando a esplorare questi e altri temi interconnessi, emerge un quadro complesso e multivariato della presenza delle BRICS nel contesto internazionale attuale e futuro.

Continuando nell'analisi del Nuovo Ordine Mondiale (NOM) e delle BRICS, la riflessione si dirige in particolare verso l'ambito della sicurezza internazionale e della geopolitica. Le BRICS, data la loro crescente influenza economica e politica, sono sempre più attori fondamentali nelle dinamiche globali di potere, e la loro influenza si estende su questioni che vanno dalla sicurezza alla difesa, dai diritti umani al cambiamento climatico.

La sfida alla governance globale rappresentata dalle BRICS è evidenziata dai loro tentativi di equilibrare la promozione delle norme e delle istituzioni esistenti con l'introduzione di nuove idee e piattaforme. Ad esempio, la Banca di sviluppo delle BRICS rappresenta un tentativo di queste nazioni di creare un'alternativa alle istituzioni finanziarie internazionali esistenti come il Fondo Monetario Internazionale e la Banca Mondiale.

Il concetto di sovranità, soprattutto nel contesto del cyberspazio e della tecnologia dell'informazione, è fondamentale quando si parla delle BRICS e del NOM. La crescente digitalizzazione e la transizione verso un'economia globale basata sulla conoscenza comportano la riformulazione delle norme, delle politiche e delle leggi internazionali. Le BRICS, con le loro varie capacità e approcci alla tecnologia digitale e alla cybersicurezza, influenzano in modo significativo la strutturazione del cyberspazio globale, con la Cina e la Russia, ad esempio, che promuovono un concetto di "sovranità digitale".

I concetti di pace e sicurezza sono altrettanto essenziali nell'esplorare la posizione delle BRICS nel NOM. La percezione e la proiezione del potere militare, così come l'approccio alla risoluzione dei conflitti e alla mediazione, sottolineano le filosofie fondamentali di questi stati in materia di sicurezza internazionale. La cooperazione e la competizione in contesti come l'Oceano Indiano e il Pacifico, oltre agli aspetti della sicurezza energetica, rappresentano settori in cui le politiche e le strategie delle BRICS influenzano profondamente la geopolitica e le dinamiche di potere globali.

L'aspetto delle disuguaglianze globali, sia tra i paesi BRICS stessi che tra le BRICS e altre nazioni, è un altro aspetto cruciale. L'equilibrio tra la crescita economica e la sostenibilità, la lotta contro la povertà e l'inclusione sociale, rappresenta una dimensione fondamentale della presenza globale delle BRICS. Ogni paese membro affronta sfide specifiche e diverse, ma la tensione tra prosperità e uguaglianza è una tematica comune che attraversa le loro agende nazionali e internazionali.

Le tematiche dell'innovazione e dello sviluppo tecnologico sono fondamentali per capire come le BRICS si stanno posizionando nel panorama mondiale. La competizione, ma anche la collaborazione nel campo della ricerca e sviluppo, l'intelligenza artificiale, le biotecnologie e altre aree dell'innovazione tecnologica, saranno decisive per determinare l'influenza futura di questi paesi sul NOM.

La dimensione culturale e sociale è un altro elemento chiave quando si esamina il ruolo delle BRICS nel contesto globale. La promozione della cultura, dei valori e delle norme sociali attraverso mezzi come la diplomazia culturale e le piattaforme mediatiche è una componente essenziale dell'influenza internazionale.

In ogni contesto, gli Stati BRICS si trovano a navigare in un complesso mosaico di sfide e opportunità, ricercando equilibri dinamici tra le proprie agende nazionali e gli impegni e pressioni internazionali. Le loro traiettorie, influenzate da fattori sia interni che esterni, contribuiranno a definire non solo i futuri percorsi di sviluppo di queste nazioni, ma anche la forma e la sostanza del nuovo ordine mondiale emergente nel prossimo futuro.

L'esplorazione del nuovo ordine mondiale (NOM) e il ruolo delle BRICS al suo interno porta inevitabilmente ad interrogarsi su come queste cinque nazioni (Brasile, Russia, India, Cina e Sudafrica) possano cooperare e competere con le istituzioni esistenti e come le loro azioni possano ridefinire l'architettura globale della governance.

Esaminare il fenomeno del NOM richiede un'attenta valutazione della sua struttura, che è guidata non solo dalla politica, ma anche da fattori economici, sociali, tecnologici e culturali. Il NOM è spesso percepito come un sistema in cui la potenza globale e l'influenza sono distribuite in modo più eterogeneo e multipolare, coinvolgendo attori non statali come organizzazioni internazionali, multinazionali e gruppi della società civile, che svolgono un ruolo sempre più rilevante.

Le BRICS, con le loro economie in rapida crescita e popolazioni enormi, rappresentano una forza significativa all'interno di questo nuovo paradigma. Tuttavia, ogni paese ha un approccio unico nei confronti del NOM, basato sulle proprie esigenze, obiettivi e sfide nazionali.

Per esempio, la Cina è frequentemente vista come un giocatore chiave nel formulare un nuovo paradigma del NOM. Attraverso iniziative come la Belt and Road Initiative (BRI), Pechino ha cercato di ridefinire la propria posizione nella geopolitica globale, enfatizzando cooperazione e connettività anziché dominio. La Cina sta anche tentando di affermarsi come leader nel dialogo globale su questioni come il cambiamento climatico e la sostenibilità.

L'India, con la sua democrazia pluralistica e economia in rapida crescita, rappresenta un altro polo vitale all'interno delle BRICS. Il paese ha attivamente perseguito un'agenda multilaterale, partecipando attivamente a forum e iniziative internazionali, e si sforza di bilanciare le relazioni con attori chiave come gli Stati Uniti e la Cina. La sfida per l'India è navigare abilmente tra la cooperazione economica e le tensioni geopolitiche, in particolare in relazione ai confini e alla sicurezza regionale.

La Russia, con la sua proiezione di potere militare e le risorse energetiche, svolge un ruolo cruciale nel determinare le dinamiche di potere del NOM. Le sue azioni in Ucraina e in Siria, così come le sue relazioni con l'Europa e gli Stati Uniti, continuano a modellare la sicurezza e la stabilità della politica internazionale. La Russia è anche un attore attivo nell'Artico, una regione che sta diventando sempre più strategica a causa dei cambiamenti climatici e delle risorse naturali inesplorate.

Il Brasile, con le sue ricche risorse naturali e la diversificata economia, cerca di bilanciare le proprie esigenze di sviluppo con la responsabilità ambientale. La deforestazione dell'Amazzonia e l'equilibrio tra agricoltura, industria e sostenibilità rimangono questioni cruciali per la posizione del Brasile nel NOM, come anche le sue politiche sociali e la gestione della diversità e delle disuguaglianze all'interno del paese.

Il Sudafrica, che rappresenta un punto di riferimento per il continente africano all'interno delle BRICS, affronta sfide come la disuguaglianza, la povertà e la necessità di riforme strutturali. Il paese gioca un ruolo chiave nella promozione della stabilità e dello sviluppo in Africa e cerca di bilanciare questo con la sua posizione e i suoi impegni nel contesto globale più ampio.

Tutti questi aspetti – dalle sfide domestiche alla partecipazione in forum e organismi internazionali, dalle relazioni bilaterali agli impegni multilaterali, e dalla governance economica alla promozione dei diritti umani e dello sviluppo sostenibile – rappresentano i mattoni con cui le BRICS costruiscono il loro ruolo nel NOM, cercando di riformulare e rinegoziare continuamente il loro posto all'interno delle dinamiche globali di potere e cooperazione.

Affrontando ulteriormente il concetto del Nuovo Ordine Mondiale (NOM) e il ruolo delle BRICS, appare evidente l'importanza di approfondire le strategie, gli obiettivi e le metodologie utilizzate da questi paesi per navigare attraverso la complessa rete di relazioni internazionali e le sfide poste dalla geopolitica globale. Le BRICS non sono solo un aggregato economico; rappresentano una coalizione in cui ciascun membro porta le proprie risorse, sfide, e aspirazioni.

Il NOM non è un concetto statico e monolitico. È modellato e continuamente ridefinito dalla natura mutevole degli equilibri di potere, delle ideologie, delle politiche e delle economie dei paesi protagonisti. Le BRICS, ciascuna con la propria agenda e visione del mondo, cercano di influenzare il NOM in modi unici e diversificati.

La Cina, ad esempio, ha implementato una strategia di "diplomazia della trappola del debito", finanziando massicci progetti infrastrutturali in paesi in via di sviluppo, creando contemporaneamente dipendenza finanziaria e accrescendo la propria influenza geopolitica. La sua iniziativa "One Belt, One Road" mira a rafforzare e a diversificare le rotte commerciali, riducendo al contempo la dipendenza da quelle controllate da potenze occidentali.

L'India, da parte sua, sta cercando di accrescere il proprio potere e influenza sia nella regione dell'Asia meridionale che nel contesto globale. Il paese ha intrapreso iniziative per rafforzare la sua presenza marittima, migliorare le relazioni con i vicini dell'Asia meridionale e creare partenariati con altre potenze globali. La diplomazia dell'India si muove su un terreno complesso, dove deve bilanciare la competizione con la Cina e il Pakistan con la costruzione di rapporti solidi con USA, Russia e Unione Europea.

La Russia ha perseguito una politica estera che spesso contrasta con quella dell'Occidente. L'annessione della Crimea nel 2014 e il sostegno a regimi come quello siriano dimostrano una chiara divergenza dalle politiche occidentali. La Russia utilizza le sue risorse energetiche come strumento di influenza politica, mentre contestualmente cerca di diversificare le sue alleanze e partner commerciali, includendo sia attori esterni come la Cina sia altri membri delle BRICS.

Il Brasile ha oscillato tra una politica estera orientata verso il multilateralismo e periodi di focalizzazione sugli interessi nazionali. La protezione delle sue immense risorse naturali, insieme allo sviluppo economico e sociale, è una sfida constante. Il Brasile spesso cerca di bilanciare la propria crescita economica con la necessità di proteggere e preservare l'Amazzonia, un tema che ha suscitato tensioni tanto a livello nazionale quanto internazionale.

Il Sudafrica ha assunto un ruolo guida nello sviluppo e nell'integrazione dell'Africa. Attraverso l'Unione Africana e altri forum regionali, il Sudafrica cerca di indirizzare temi come la sicurezza, lo sviluppo sostenibile e la cooperazione economica, mentre affronta sfide interne quali disuguaglianze economiche, questioni sociali e la necessità di una crescita stabile e inclusiva.

Esplorando questi aspetti, si evidenzia come le BRICS siano sia collaboratrici che rivali, sia a livello bilaterale che nel contesto multilaterale del NOM. La sfida del futuro sarà navigare attraverso queste dinamiche, gestire le tensioni e costruire un dialogo che promuova non solo gli interessi nazionali, ma anche una cooperazione e uno sviluppo globali sostenibili. In questo quadro, il concetto di NOM continua ad evolversi, influenzato dalle traiettorie e dalle interazioni di questi attori significativi sul palcoscenico mondiale.

Il concetto del Nuovo Ordine Mondiale, essendo tanto elastico quanto complesso, trascende le mere costruzioni geopolitiche o economiche, penetrando nelle sfere dell'ideologia, della cultura e della normatività internazionale. La sua realizzazione, o anche solo la sua configurazione, varia notevolmente a seconda delle lenti attraverso le quali viene osservato: il capitalista occidentale, il socialista, l'autoritario, o il teorico dello sviluppo del sud del mondo, ciascuno avrà una visione diversa di ciò che il NOM rappresenta o dovrebbe rappresentare.

Le BRICS, al contrario di una monolitica entità occidentale, offrono una tavolozza di approcci verso la globalizzazione, la sovranità, la democrazia, lo sviluppo e la sicurezza internazionale. Questa diversità, sia di sfide interne che di obiettivi esterni, rappresenta sia un'opportunità che una sfida per la configurazione di un ordine mondiale emergente.

La dinamica del Nuovo Ordine Mondiale sarà in gran parte definita da come le potenze delle BRICS negozieranno i propri rapporti bilaterali e multilaterali con l'Occidente, ma anche tra di loro. L'articolazione delle loro agende domestiche con le aspettative e pressioni internazionali avrà un ruolo chiave in questo contesto.

La Cina, con il suo gigantesco peso economico e la sua crescente presenza militare, continuerà a rappresentare un fattore chiave di cambiamento nel NOM, cercando di rimodellare le norme e le istituzioni globali a favore di un sistema che meglio rifletta i suoi interessi e valori nazionali. Il suo rapporto con l'India, in particolare, sarà cruciale, dato che entrambe le nazioni aspirano a una maggiore influenza globale, ma sono anche bloccate in problemi regionali e in questioni di sicurezza bilaterale non risolte.

L'India, da parte sua, manovrerà in una posizione di bilanciamento di potere, tra l'adesione a un ordine liberale basato su regole e la necessità di gestire una relazione complessa e a volte conflittuale con la Cina. La sua adesione ai principi democratici la posiziona in un contesto unico tra le BRICS, che spesso tendono verso un autoritarismo di stato o una democrazia illiberale.

La Russia, isolata dalle sanzioni occidentali e spinta verso un maggior autoritarismo interno e attivismo estero, naviga tra la necessità di cooperare con la Cina e l'India e la protezione dei propri interessi nelle ex repubbliche sovietiche, un'area che considera di vitale interesse nazionale.

Il Brasile e il Sudafrica, entrambi potenze regionali con significative sfide interne, saranno attori chiave nel definire come il Sud del mondo, in particolare l'Africa e l'America Latina, si posizioneranno nel contesto del NOM. La loro capacità di bilanciare lo sviluppo economico interno, la sostenibilità ambientale, e le aspettative della comunità internazionale definirà la loro influenza e leadership non solo nelle rispettive regioni ma anche nel contesto più ampio del NOM.

Concludendo, il NOM e il ruolo delle BRICS in esso saranno fortemente influenzati dalle dinamiche interne ed esterne di questi paesi, dalle loro interazioni reciproche e dai rapporti con le altre potenze globali e regionali. Un intreccio di cooperazione e conflitto, di convergenza e divergenza di interessi e valori, modellerà il palcoscenico globale nei prossimi anni e decenni. La profondità e la sostanza del discorso e dell'analisi su questi temi saranno pertanto essenziali per comprendere e navigare nel complesso e mutevole panorama del futuro ordine mondiale.

6. Impatto delle BRICS sul Nuovo Ordine Mondiale

Le BRICS, come collettivo e come attori individuali, sono di cruciale importanza nel modellare il nuovo ordine mondiale (NOM), non solo in virtù della loro forza economica ma anche attraverso il loro peso geopolitico e le loro politiche estere.

A. Significato Economico Globale

1. **Influenza Economica:** La somma delle economie delle BRICS è significativa a livello globale, e le decisioni economiche intraprese da questi paesi hanno spesso ripercussioni ben oltre i loro confini.

2. **Investimenti Diretti:** Le BRICS sono fonte e destinazione di notevoli flussi di investimenti diretti esteri, che contribuiscono a stabilire legami economici con varie regioni del mondo.

3. **Commercio:** L'incremento del commercio intra-BRICS e con altre nazioni influisce sulle dinamiche commerciali mondiali, creando nuove rotte e modificando gli equilibri esistenti.

B. Contributo alla Governance Globale

1. **Istituzioni Multilaterali:** La partecipazione e talvolta la contestazione delle BRICS alle istituzioni multilaterali esistenti sottolinea il loro desiderio di riformare la governance globale.

2. **Creazione di Nuove Piattaforme:** L'istituzione di nuove piattaforme e istituzioni, come la Banca di Sviluppo delle BRICS, indica un interesse nel creare alternative ai meccanismi occidentali tradizionali.

C. Approccio alla Sovranità e Interventismo

1. **Principio di Non-Interferenza:** L'impegno comune verso il principio di non interferenza nei loro affari interni informa anche il loro approccio alle questioni internazionali.

2. **Risposta ai Conflitti:** La posizione delle BRICS rispetto ai conflitti e alle crisi internazionali è spesso contrapposta a quella delle potenze occidentali, offrendo alternative o contrastando le soluzioni proposte.

D. Dinamiche Regionali e Bilaterali

1. **Relazioni Bilaterali:** Le relazioni bilaterali tra i membri delle BRICS e le altre nazioni influenzano le alleanze e i conflitti a livello globale.

2. **Leadership Regionale:** Il modo in cui le BRICS influenzano e gestiscono le loro rispettive regioni determina anche l'evoluzione del potere globale.

E. Questioni di Sicurezza Globale

1. **Politica di Sicurezza:** Le BRICS sono vitali per affrontare questioni di sicurezza, come la proliferazione nucleare, la sicurezza cibernetica e il terrorismo.

2. **Cooperazione Militare:** La cooperazione militare intra-BRICS e con altre nazioni può influenzare equilibri di potere e stabilire nuove coalizioni di sicurezza.

F. Sfide Ambientali e Climatiche

1. **Cambiamento Climatico:** Data la loro scala, le politiche ambientali adottate dalle BRICS sono fondamentali nel modellare gli sforzi globali contro il cambiamento climatico.

2. **Sostenibilità:** La crescita economica delle BRICS solleva domande sulla sostenibilità e sull'equilibrio tra sviluppo e conservazione.

Le BRICS, data la loro notevole varietà in termini di sistemi politici, livelli di sviluppo economico e profili di politica estera, stanno plasmando il NOM in modo non uniforme e talvolta contraddittorio. Essi sfidano il sistema in alcuni aspetti, mentre in altri lo rafforzano o cercano di integrarsi maggiormente in esso.

Il NOM, quindi, non sarà meramente il risultato delle azioni di un singolo attore o gruppo di attori, ma piuttosto l'esito di una serie complessa e ininterrotta di interazioni, compromessi, conflitti e cooperazioni tra le BRICS, le potenze occidentali e altri attori globali e regionali. Le sfide future saranno molteplici e spazieranno dal mantenimento della stabilità economica alla gestione dei conflitti, dal superamento delle disuguaglianze globali e interne alla protezione dell'ambiente e alla preservazione della biodiversità planetaria.

G. Disparità e Sviluppo Socio-Economico

- **Crescita e Disuguaglianza:** La crescita economica delle BRICS ha generato notevoli benefici, ma ha anche portato a disuguaglianze sia all'interno dei paesi che tra di loro, sollevando questioni su come equilibrare l'espansione economica con la giustizia sociale e la riduzione della povertà.

- **Migrazioni:** L'attrattiva economica e le opportunità nelle BRICS guidano la migrazione sia interna che internazionale, influenzando dinamiche demografiche e sociali che a loro volta hanno un impatto su politiche e relazioni internazionali.

H. Innovazione e Competitività Globale

- **Tecnologia e Digitalizzazione:** La rivoluzione digitale e l'innovazione tecnologica nelle BRICS non solo potenziano le loro economie ma generano anche nuove sfide in termini di normative, sicurezza e competitività a livello mondiale.

- **Educazione e Ricerca:** Investimenti in educazione e ricerca sono cruciali per mantenere e accrescere la competitività globale delle BRICS, necessitando di un'analisi approfondita su come queste aree influenzano e sono influenzate dalle dinamiche internazionali.

I. Questioni Demografiche e Societali

- **Invecchiamento e Giovani:** Le varie sfumature demografiche all'interno delle BRICS, come società che invecchiano e giovani popolazioni, creano una matrice di sfide e opportunità che influenzano le politiche interne e le relazioni esterne.

- **Cultura e Identità:** La diversità culturale e le questioni di identità all'interno delle BRICS sono rilevanti per comprendere le traiettorie di politica interna e come queste si intrecciano con la politica estera e le relazioni internazionali.

J. Politiche di Salute e Pandemie

- **Salute Globale:** Le BRICS hanno un ruolo determinante nelle politiche di salute globale, e la gestione di crisi sanitarie come la pandemia da COVID-19 sottolinea l'importanza della cooperazione e della governance sanitaria a livello internazionale.

- **Accesso e Innovazione in Sanità:** L'accesso ai servizi sanitari e le innovazioni in campo medico influenzano e sono influenzate dalle dinamiche economiche e politiche globali in cui le BRICS sono profondamente intrecciate.

K. Dinamiche di Potere e Leadership

- **Soft Power:** L'esercizio del soft power, attraverso la cultura, i media e le relazioni internazionali, delle BRICS, è un campo che merita un'analisi accurata per comprendere le sue implicazioni sulle dinamiche di potere globale.

- **Leadership Internazionale:** Il modo in cui le BRICS esercitano leadership e influenzano la normativa internazionale in vari ambiti, dall'ambiente ai diritti umani, è fondamentale per capire le traiettorie future del NOM.

L. Risorse e Ambiente

- **Gestione delle Risorse:** Le politiche e le pratiche relative alla gestione delle risorse naturali nelle BRICS influenzano non solo le loro economie, ma anche quelle globali, con implicazioni in termini di sicurezza, cooperazione e conflitto.

- **Politiche Ambientali:** Le BRICS svolgono un ruolo centrale nelle dinamiche ambientali globali, e il loro approccio alle politiche climatiche e ambientali sarà cruciale per affrontare le sfide ecologiche del futuro.

Le BRICS, attraverso tutte queste dimensioni, sono attori fondamentali nel modellare le dinamiche globali, sia in termini di economia che di geopolitica. La loro crescita, le sfide interne, e il modo in cui gestiscono le loro politiche esterne, diventano, quindi, di vitale importanza per comprendere e analizzare l'evoluzione del nuovo ordine mondiale. Esaminare ciascuna di queste aree con uno sguardo critico e analitico consentirà di comprendere meglio il ruolo e l'impatto delle BRICS nel contesto globale più ampio, gettando luce su potenziali scenari futuri e sulle sfide che il mondo affronterà nei prossimi anni e decenni.

6. Impatto delle BRICS sul Nuovo Ordine Mondiale

A. Multilateralismo e Instituzioni Internazionali

- **Interazioni Istituzionali:** Le BRICS, con la loro influenza collettiva, si interagiscono con, sfidano e talvolta cercano di riformare le istituzioni internazionali esistenti, come l'ONU, il FMI e la Banca Mondiale, per riflettere e accogliere i loro interessi e priorità.

- **Cooperazione Multilaterale:** Spesso, esse cercano di bilanciare l'unilateralismo di alcune potenze con una cooperazione multilaterale rafforzata, puntando a una maggiore equità e rappresentanza nel sistema internazionale.

B. Cooperazione Sud-Sud

- **Legami Economici e Politici:** Le BRICS cercano attivamente di sviluppare e rafforzare i legami economici e politici tra i paesi del Sud del mondo, offrendo un contrappunto al tradizionale dominio delle potenze occidentali.

- **Piattaforme di Dialogo:** Creano e utilizzano piattaforme di dialogo e cooperazione, come il

Summit delle BRICS, per promuovere la collaborazione Sud-Sud e per avanzare agende condivise su questioni globali.

C. Costruzione di Nuove Strutture

- **Iniziative Economiche:** Le BRICS sono attivamente coinvolte nella costruzione di nuove strutture e iniziative economiche, come la Nuova Banca di Sviluppo, che mira a offrire alternative di finanziamento per i progetti di sviluppo nel mondo in via di sviluppo.

- **Rete di Scambi:** Cercano di stabilire reti di scambi e di investimenti che possano diversificare le loro economie, ridurre la dipendenza dalle potenze occidentali e aumentare la resilienza economica reciproca.

D. Politica di Sicurezza e Difesa

- **Stabilità Regionale:** Le BRICS sono attivamente coinvolte nel cercare di mantenere e, in alcuni casi, stabilizzare le regioni in cui sono situate, affrontando sfide come il terrorismo, la pirateria e i conflitti regionali.

- **Cooperazione sulla Sicurezza:** Esse anche esplorano aree di cooperazione sulla sicurezza e difesa, bilanciando le proprie politiche nazionali di sicurezza con l'esigenza di affrontare sfide collettive e transnazionali.

E. Strategie di Investimento e Sviluppo

- **Investimenti Diretti:** Le BRICS sono diventate fonti significative di investimenti diretti all'estero, influenzando lo sviluppo economico in molte regioni attraverso il finanziamento di infrastrutture, la creazione di posti di lavoro e l'aumento del commercio.

- **Influenza Economica:** Con l'investire in paesi in via di sviluppo, esse anche accrescono la loro influenza economica e politica, modellando le dinamiche del potere globale e regionale.

F. Promozione dei Valori e Norme

- **Modelli di Sviluppo:** Le BRICS offrono modelli alternativi di sviluppo e governance che spesso contrastano con quelli proposti dalle democrazie liberali occidentali, sfidando i paradigmi esistenti su questioni come la governance globale e lo sviluppo sostenibile.

- **Valori e Principi:** Mentre promuovono la non interferenza e il rispetto della sovranità, le azioni delle BRICS anche riflettono e danno forma a norme globali emergenti, influenzando le regole e le pratiche a livello internazionale.

G. Cambiamenti nel Commercio Globale

- **Catene di Approvvigionamento:** Le BRICS influenzano in modo significativo le catene di approvvigionamento globali, non solo come importanti produttori e esportatori, ma anche attraverso la creazione e lo sviluppo di nuovi mercati e partenariati commerciali.

- **Nuove Rotte Commerciali:** L'investire in infrastrutture globali, come la Belt and Road Initiative della Cina, esse stanno anche riconfigurando le rotte commerciali e le reti di trasporto, influenzando l'economia globale e le dinamiche di potere.

H. Sfide Globali e Soluzioni

- **Cambiamenti Climatici:** Come alcuni dei più grandi inquinatori e consumatori di risorse, le BRICS sono al centro delle discussioni e delle azioni relative ai cambiamenti climatici, e le loro politiche energetiche e ambientali avranno un impatto significativo sull'abilità del mondo di affrontare le crisi ecologiche future.

- **Sanità Globale:** Dopo la pandemia di COVID-19, la gestione delle crisi sanitarie globali e l'accesso a beni pubblici globali, come i vaccini, sono diventati centrali, e le politiche e le azioni delle BRICS in queste aree saranno fondamentali per configurare i futuri sistemi di salute globale.

Attraverso queste tematiche, l'impatto delle BRICS sul Nuovo Ordine Mondiale può essere esaminato e compreso in una molteplicità di dimensioni. Con la loro crescente influenza e le dinamiche interne ed esterne complesse, le BRICS continuano a svolgere un ruolo chiave nel ridefinire le strutture e i processi globali, offrendo nuovi percorsi e prospettive, ma anche presentando nuove sfide e tensioni che richiedono un'attenta analisi e comprensione. La loro capacità di navigare attraverso queste dinamiche, di costruire coesione interna e di gestire relazioni esterne efficaci sarà fondamentale per il loro futuro impatto e ruolo nel sistema internazionale.

L'impatto delle BRICS nel contesto del Nuovo Ordine Mondiale continua a essere profondamente interconnesso con diversi aspetti, tra cui la politica delle tecnologie, la diplomazia culturale, e l'influenza nei forum internazionali.

Tecnologia e Innovazione

- **Ricerca e Sviluppo:** La collettiva BRICS pone un forte accento su ricerca e sviluppo, investendo in campi come l'intelligenza artificiale, la biotecnologia e l'energia rinnovabile. Le innovazioni provenienti da questi paesi, come i progressi nella produzione di vaccini e nello sviluppo di tecnologie verdi, hanno un impatto diretto sulla comunità globale.

- **Norme sul Cyber:** Nel mondo digitalizzato di oggi, la governanza di internet e le norme cyber stanno diventando sempre più cruciali. Come enormi mercati di consumatori digitali e come attori significativi nella definizione delle norme del cyber-space, le BRICS esercitano una notevole influenza nelle discussioni globali relative alla sicurezza informatica e alla protezione dei dati.

Diplomazia Culturale

- **Soft Power:** La diplomazia culturale attraverso il soft power rappresenta un altro veicolo attraverso il quale le BRICS cercano di modellare il Nuovo Ordine Mondiale. Che si tratti di cinema bollywoodiano, di arte brasiliana, o della promozione della lingua russa, gli sforzi per proiettare il soft power non solo accrescono la loro influenza culturale, ma anche costruiscono ponti e creano percezioni attraverso le frontiere.

- **Educazione:** Inoltre, l'istruzione e gli scambi accademici offrono un altro mezzo attraverso cui le BRICS costruiscono connessioni e influenzano il discorso globale. Università come quella di

Tsinghua in Cina o la IIT in India diventano sempre più influenti nell'educare la prossima generazione di leader globali.

Forum e Piattaforme Globali

- **Leadership Globale:** La presenza delle BRICS in forum globali come il G20, l'OMC, e altri spazi multilaterali si fa sempre più saliente. Utilizzando queste piattaforme, esse sono in grado di influenzare le decisioni economiche globali e di plasmare l'agenda su temi come il commercio internazionale, la tassazione digitale e il debito sovrano.

- **Collaborazione e Competizione:** Mentre le BRICS collaborano in alcuni forum e contesti, si trovano anche in situazioni di competizione e rivalità, sia tra di loro che con altre potenze globali. Questa dinamica dualistica di collaborazione e competizione spesso si riflette nel modo in cui le BRICS cercano di modellare e rispondere alle strutture globali emergenti e alle sfide.

Cambiamenti Demografici e Sociali

- **Dinamiche Popolazionali:** Le dinamiche demografiche all'interno delle BRICS, comprese le sfide di una popolazione invecchiante in paesi come la Cina e la Russia, contrapposte all'esplosione demografica in paesi come l'India, creano sia opportunità che sfide. L'influenza delle BRICS e la loro capacità di modellare l'ordine mondiale sono strettamente interconnesse con la gestione delle proprie dinamiche demografiche e sociali interne.

- **Questioni Sociali:** L'attenzione alla giustizia sociale, all'uguaglianza e allo sviluppo inclusivo all'interno delle BRICS si traduce anche in una serie di politiche e approcci che possono influenzare le norme e i valori globali, nonché la loro accettazione e implementazione di accordi internazionali e obiettivi di sviluppo.

Risorse Naturali e Ambiente

- **Sicurezza delle Risorse:** Le BRICS, ricche di risorse, svolgono un ruolo chiave nella gestione e nell'uso sostenibile delle risorse naturali, influenzando le dinamiche globali relative alla sicurezza delle risorse, alla gestione ambientale e al cambiamento climatico.

- **Strategie Ambientali:** L'adozione di tecnologie verdi e strategie per la mitigazione dei cambiamenti climatici, nonché il loro impegno verso gli obiettivi di sviluppo sostenibile, incideranno sulle politiche ambientali globali e sulle dinamiche di sviluppo sostenibile a livello mondiale.

Questa panoramica, benché non esaustiva, mostra come le BRICS influenzino e siano influenzate dal contesto più ampio delle dinamiche globali, incidendo sul modellamento del nuovo ordine mondiale attraverso vari canali e meccanismi. La loro traiettoria e le decisioni future continueranno a essere un fattore cruciale nella definizione delle tendenze globali nei prossimi decenni.

Sviluppo Sostenibile e Sfide Ambientali

Le BRICS, con la loro crescita economica rapida e continua, devono affrontare diverse sfide relative alla sostenibilità ambientale. Il modo in cui queste nazioni si confrontano con le sfide dell'ambiente e dello sviluppo sostenibile avrà un impatto significativo sull'ambiente globale, data la loro estesa impronta ecologica.

- **Impegno Ambientale:** Le BRICS si stanno gradualmente imponendo come attori chiave nelle discussioni internazionali relative ai cambiamenti climatici e alla biodiversità. I loro approcci e impegni verso il raggiungimento degli Obiettivi di Sviluppo Sostenibile dell'ONU e gli obiettivi dell'Accordo di Parigi influenzeranno notevolmente il futuro del pianeta.

Sicurezza e Stabilità Regionale

Le politiche di sicurezza e difesa delle BRICS, e il modo
in cui gestiscono i conflitti e le tensioni regionali,
influenzano la stabilità globale.

- **Tensioni Regionali:** In Asia, per esempio,
  l'equilibrio dei poteri e le tensioni tra India e
  Cina possono plasmare la geopolitica regionale e
  globale. Allo stesso modo, le relazioni della
  Russia con i suoi vicini europei e la postura del
  Brasile e del Sudafrica nei loro contesti regionali
  sono dinamiche vitali.

Cooperazione Sanitaria

La cooperazione in campo sanitario tra le BRICS è
cresciuta, specialmente alla luce della pandemia
COVID-19.

- **Gestione delle Pandemie:** L'approccio
  collettivo delle BRICS nella gestione delle crisi
  sanitarie, la produzione e distribuzione dei
  vaccini, e la collaborazione nella ricerca
  scientifica influenzano la salute globale e la
  risposta alle pandemie.

Integrazione Economica e Commerciale

L'integrazione economica e commerciale tra le BRICS è un altro aspetto fondamentale.

- **Accordi Commerciali:** Lo sviluppo di accordi commerciali bilaterali e multilaterali, e il modo in cui le BRICS si impegnano con altre economie emergenti e sviluppate, contribuiranno a definire il futuro dell'ordine economico mondiale.

Lotta Contro la Corruzione

Le BRICS si sono anche impegnate a livello collettivo e individuale nella lotta contro la corruzione.

- **Norme Anticorruzione:** L'adozione e l'attuazione di normative e leggi anticorruzione hanno un impatto non solo a livello nazionale, ma anche internazionale, influenzando la governance globale e gli standard nei settori finanziari e aziendali.

Sviluppo dell'Infrastruttura

Le BRICS stanno investendo massicciamente nello sviluppo delle infrastrutture, un elemento vitale per la crescita economica.

- **Iniziative Infrastrutturali:** La Belt and Road Initiative della Cina, i progetti infrastrutturali in India, e altri sforzi analoghi in Brasile, Russia, e

Sudafrica stanno cambiando non solo il panorama fisico di queste nazioni, ma anche le dinamiche economiche e geopolitiche regionali.

Innovazione nel Settore Finanziario

- **Istituzioni Finanziarie BRICS:** La creazione di istituzioni finanziarie come la New Development Bank (NDB) delle BRICS è un esempio lampante del desiderio del gruppo di plasmare l'architettura finanziaria globale e fornire alternative alle istituzioni guidate dall'Occidente.

In queste dinamiche si riflettono l'interconnessione e la reciproca influenza delle BRICS nel contesto globale, mostrando come le loro politiche interne ed esterne si intreccino con le sfide e le opportunità del Nuovo Ordine Mondiale. La capacità delle BRICS di collaborare, coordinare politiche e costruire soluzioni condivise a sfide globali sarà cruciale per il futuro della loro influenza nel contesto globale.

Politiche Sociali e Disuguaglianze

- **Iniquità Sociale:** All'interno delle BRICS, la disparità di reddito, le disuguaglianze sociali e le sfide legate a questioni di genere e etniche rappresentano problematiche importanti che

incidono sulle loro politiche sociali e economiche
internamente, e sul loro approccio verso la
cooperazione e lo sviluppo internazionale.

Cambiamento Demografico

Le BRICS sono caratterizzate da diverse tendenze
demografiche che, a loro volta, influenzano le loro
politiche e prospettive globali.

- **Dinamiche Demografiche:** L'India, ad
  esempio, si contraddistingue per una
  popolazione relativamente giovane e un rapido
  urbanizzazione, mentre la Cina è alle prese con
  l'invecchiamento della popolazione dovuto, in
  parte, alla sua precedente politica del figlio unico.
  Queste diverse dinamiche demografiche
  influenzano le politiche interne e le prospettive di
  sviluppo a lungo termine.

Sicurezza Energetica

- **Dipendenza Energetica:** La sicurezza
  energetica e la dipendenza da combustibili fossili,
  specialmente nel contesto dei cambiamenti
  climatici e dell'evoluzione delle energie
  rinnovabili, sono questioni centrali. La Russia è
  un esportatore netto di energia, mentre l'India è
  uno dei maggiori importatori mondiali di
  petrolio. Queste dinamiche incidono

profondamente sulle loro politiche energetiche e sul loro impegno nella transizione energetica.

Cultura e Soft Power

- **Influenza Culturale:** Le BRICS stanno anche cercando di espandere la loro influenza culturale e il soft power globalmente attraverso vari mezzi, come media, cultura, educazione e diplomazia pubblica, al fine di accrescere il loro impatto e attrattiva sullo scenario mondiale.

Diplomazia del Vaccino

- **Vaccinazione:** La distribuzione di vaccini, particolarmente evidente durante la pandemia di COVID-19, è diventata uno strumento diplomatico. La Cina e la Russia, ad esempio, hanno utilizzato la fornitura di vaccini come strumento di diplomazia globale, cercando di aumentare la loro influenza in regioni strategiche.

Tecnologia e Cyber Sicurezza

- **Guerra Cibernetica:** In un'era dominata dalla tecnologia e dall'informazione, le BRICS stanno anche esplorando il dominio cyber. La cyber sicurezza e la guerra cibernetica sono diventate questioni cruciali non solo per la sicurezza nazionale, ma anche per la stabilità economica e le operazioni quotidiane.

Turismo e Scambi Culturali

- **Scambi Interculturali:** Il turismo e gli scambi culturali tra le BRICS e con altre nazioni rappresentano un altro meccanismo attraverso il quale queste nazioni cercano di accrescere la comprensione reciproca e rafforzare i legami a vari livelli.

Cooperazione nel Settore Spaziale

- **Esplorazione Spaziale:** Le BRICS stanno anche collaborando in ambito spaziale. Ad esempio, la Cina e la Russia hanno annunciato piani congiunti per costruire una stazione spaziale lunare.

Le BRICS, con le loro diverse e complesse sfide e opportunità, continueranno a giocare un ruolo fondamentale nella definizione delle traiettorie future del nuovo ordine mondiale. Il modo in cui gestiscono le loro sfide interne, e come navigano nelle dinamiche internazionali, determineranno non solo il loro destino, ma avranno anche un impatto significativo sulla geopolitica e l'economia globale nel prossimo futuro.

Impatto delle BRICS sul Nuovo Ordine Mondiale

Le BRICS, con la loro crescente importanza economica, politica e militare, stanno assumendo un ruolo sempre più predominante nell'ordine mondiale. Questo punto potrebbe essere sviluppato con particolare attenzione nei seguenti sottopunti:

Impatto Economico:

Le BRICS sono una forza motrice significativa nell'economia globale, con una rilevante incidenza nel PIL mondiale e negli scambi commerciali. L'espansione delle loro economie ha influenzato le dinamiche commerciali e finanziarie internazionali, spostando progressivamente il baricentro economico globale. Ad esempio, la Cina è diventata la seconda economia mondiale e un pilastro fondamentale della crescita globale.

Leadership Politica:

Le BRICS sono diventate più audaci nell'esercitare la loro influenza politica e nel modellare la governance globale. La loro cooperazione nei forum multilaterali e la formazione di alleanze (come l'organizzazione stessa delle BRICS) hanno creato nuove piattaforme e veicoli per l'azione e l'influenza politica globale.

Sicurezza e Difesa:

In ambito militare e di sicurezza, le BRICS stanno potenziando le loro capacità difensive e sicuritarie. La loro partecipazione e il loro impegno in conflitti regionali e in questioni di sicurezza globale, ad esempio tramite missioni di peacekeeping delle Nazioni Unite, stanno definendo nuovi equilibri di potere.

Ambiente e Sostenibilità:

Le BRICS, essendo tra i maggiori emettitori di gas serra e avendo un'impronta ecologica significativa, svolgono un ruolo cruciale nelle dinamiche ambientali globali. Le loro politiche e impegni in materia di cambiamenti climatici e sostenibilità sono fondamentali per il futuro del pianeta.

Tecnologia e Innovazione:

In termini di tecnologia e innovazione, le BRICS sono all'avanguardia nello sviluppo e nell'implementazione di tecnologie emergenti, come l'intelligenza artificiale e la biotecnologia, influenzando normative, etica e dinamiche competitive globali.

Relazioni Internazionali:

Le relazioni tra le BRICS e con altre potenze globali sono un altro aspetto cruciale. Il modo in cui le BRICS interagiscono con nazioni come gli Stati Uniti, l'Unione Europea e altre potenze emergenti stabilisce nuove dinamiche e polarizzazioni nel panorama internazionale.

Sfide e Opportunità:

Le sfide, come le disuguaglianze interne, i problemi sociali, e le tensioni politiche, insieme alle opportunità, come il potenziale di crescita economica e lo sviluppo tecnologico, definiscono i percorsi futuri delle BRICS e il loro impatto sull'ordine mondiale.

In conclusione, le BRICS, attraverso le loro politiche, strategie e interazioni a livello globale, stanno plasmando il nuovo ordine mondiale, influenzando le dinamiche economiche, politiche e sociali su scala globale. La loro collaborazione, tensioni interne e relazioni esterne creano un intricato intreccio di cooperazione e competizione che sarà determinante per la forma futura della politica, dell'economia e della società internazionali. L'analisi e la comprensione delle traiettorie, delle strategie e delle dinamiche delle

BRICS sono essenziali per decifrare e prevedere l'evoluzione del paesaggio globale nel 21° secolo.

7. Tecnologia e Innovazione • Ruolo delle BRICS nello sviluppo tecnologico e nell'innovazione.

Tecnologia e Innovazione nelle BRICS

Il ruolo delle BRICS (Brasile, Russia, India, Cina e Sudafrica) nello sviluppo tecnologico e nell'innovazione è particolarmente incisivo e offre un panorama vasto e complesso da esplorare, grazie alla diversità e alle specificità di ciascuna nazione membro. Di seguito sono trattati diversi aspetti legati al ruolo delle BRICS nell'ambito tecnologico e innovativo a livello globale.

A. Dinamiche di Innovazione e Sviluppo Tecnologico

Le BRICS sono protagoniste significative nello scenario dell'innovazione tecnologica, con un impatto crescente a livello globale.

1. **Cina:** Con la sua massiccia industrializzazione e la strategia "Made in China 2025", la nazione sta perseguendo l'obiettivo di diventare leader in svariati settori high-tech, tra cui l'intelligenza artificiale, la robotica, la tecnologia

dell'informazione, l'energia rinnovabile e le auto elettriche.

2. **India:** Conosciuta per il suo robusto settore IT e per l'innovazione nel campo dei servizi tecnologici, l'India ha un ambiente di startup in rapida crescita e sta facendo progressi nel settore biotecnologico, spaziale e delle energie rinnovabili.

3. **Brasile:** Si distingue per la sua ricerca nel campo dell'energia rinnovabile, in particolare nella produzione di bioetanolo e nella ricerca agricola avanzata, pur affrontando sfide nell'allocazione di risorse in R&D.

4. **Russia:** Presenta punti di forza nel settore aerospaziale e nucleare e sta cercando di diversificare la sua economia, incrementando gli investimenti in innovazione e tecnologia.

5. **Sudafrica:** Anche se affronta diverse sfide, il paese gioca un ruolo importante nello sviluppo tecnologico del continente africano, con focus su tecnologie dell'informazione, energie rinnovabili e astronomia.

B. Collaborazione e Competizione Tecnologica

Le BRICS cooperano e competono simultaneamente nel campo dell'innovazione e della tecnologia, creando una rete complessa di partnership e rivalità.

- **Cooperazione:** Ci sono numerosi esempi di collaborazioni tra le BRICS, come iniziative comuni di ricerca e sviluppo, convegni scientifici, e partnership nel settore spaziale.

- **Competizione:** La concorrenza per il dominio nei settori chiave, come l'intelligenza artificiale e le telecomunicazioni (ad esempio la rete 5G), è palpabile tra i membri delle BRICS, particolarmente tra Cina e India.

C. Implicazioni Globali della Tecnologia e Innovazione delle BRICS

La crescente influenza delle BRICS nell'innovazione e nella tecnologia presenta una serie di implicazioni globali:

- **Economia Globale:** L'innovazione tecnologica nelle BRICS influenza le dinamiche economiche globali, offrendo nuove opportunità di mercato e creando nuovi centri di produzione e sviluppo tecnologico.

- **Sicurezza Cibernetica:** Le competenze tecnologiche avanzate implicano anche una crescente capacità di influenzare il cyberspazio, con le BRICS che diventano attori rilevanti nella cyber-sicurezza e nella cyber-guerra.

- **Ambiente:** Lo sviluppo di tecnologie verdi e soluzioni innovative per il cambiamento climatico da parte delle BRICS può avere un impatto significativo sulle dinamiche ambientali globali.

D. Sfide e Opportunità

Le BRICS affrontano una serie di sfide legate all'innovazione, tra cui la tutela della proprietà intellettuale, la promozione della ricerca e sviluppo e la formazione di talenti scientifici e tecnologici.

- **Opportunità:** Le BRICS possono sfruttare le proprie competenze e risorse per catalizzare l'innovazione, ad esempio attraverso la promozione di startup e l'attrazione di investimenti stranieri.

- **Sfide:** Le questioni come l'equità dell'accesso alla tecnologia, la brevettabilità e l'etica nell'innovazione sono cruciale e rappresentano significative sfide.

In conclusione, le BRICS, con le loro peculiari dinamiche di sviluppo tecnologico e innovazione, modellano non solo le proprie traiettorie di crescita ma anche influenzano l'architettura tecnologica e innovativa globale. Gli equilibri tra collaborazione e competizione, le sfide interne e le implicazioni globali della loro ascesa tecnologica formano un contesto ricco e poliedrico, che merita un'analisi approfondita e multifaccettata per comprendere a fondo le future dinamiche dell'innovazione e della tecnologia a livello mondiale.

Espansione della Discussione su Tecnologia e Innovazione nelle BRICS

E. Digitalizzazione e Settore Tecnologico

La digitalizzazione ha assunto un ruolo preponderante nelle economie delle BRICS, dando luogo a una trasformazione digitale che permea diversi settori. Ad esempio, il lancio e l'adozione di tecnologie digitali nelle BRICS hanno significativamente influenzato le infrastrutture esistenti e il panorama socio-economico dei paesi membri.

- **Fintech:** Il settore finanziario tecnologico (Fintech) ha visto un notevole sviluppo nei paesi BRICS, soprattutto in Cina e India, dove l'avvento di piattaforme di pagamento digitale, come Alipay e Paytm, ha rivoluzionato le transazioni finanziarie e la cultura del credito.

- **E-commerce:** Il settore dell'e-commerce è in espansione con giganti come Alibaba e Flipkart che dominano i mercati locali e iniziano a fare incursioni anche a livello internazionale.

F. Sostenibilità Tecnologica

L'innovazione tecnologica nei paesi delle BRICS non riguarda solo l'avanzamento tecnologico ma anche la sua sostenibilità.

- **Energia:** Tecnologie sostenibili, in particolare quelle legate alle energie rinnovabili, sono al centro della ricerca e sviluppo. La Cina, ad esempio, è uno dei principali produttori mondiali di pannelli solari.

- **Automobili Elettriche:** L'adozione e la produzione di veicoli elettrici è un altro campo in cui le BRICS stanno investendo significativamente, con l'obiettivo di ridurre la dipendenza dai combustibili fossili e limitare le emissioni di CO_2.

G. Ambiente Start-up

Il contesto delle startup nei paesi BRICS presenta un panorama variegato e ricco di opportunità, ma anche di sfide.

- **Innovazione nell'Imprenditoria:** Mentre centri come Bangalore e Shenzhen sono riconosciuti come hub di innovazione, vi sono ancora ostacoli come la burocrazia e l'accesso al finanziamento che le startup devono affrontare in questi paesi.

- **Investimenti:** La disponibilità di capitali rischio, angeli investitori e incubatori ha giocato un ruolo cruciale nell'alimentare l'ecosistema di startup, benché le dinamiche di investimento varino considerevolmente tra i paesi BRICS.

H. Inclusione Digitale e Disparità

Nonostante la rapida digitalizzazione, una considerevole porzione della popolazione nei paesi BRICS rimane esclusa dai benefici della rivoluzione digitale.

- **Accesso alla Tecnologia:** La disparità nell'accesso a internet e alle tecnologie digitali tra aree urbane e rurali è un problema persistente che influenza l'equità dell'innovazione tecnologica.

- **Alfabetizzazione Digitale:** L'alfabetizzazione digitale è un'altra sfida, con una parte significativa della popolazione che non ha le competenze necessarie per navigare nel mondo digitale.

I. Ricerca e Sviluppo (R&D)

La ricerca e lo sviluppo (R&D) sono componenti fondamentali dell'innovazione e i paesi BRICS stanno cercando di incrementare i loro investimenti in questo ambito.

- **Collaborazione Internazionale:** Vi sono numerosi esempi di collaborazione in R&D sia all'interno del blocco delle BRICS sia con altri paesi e organizzazioni internazionali.

- **Brexit e Innovazione:** Paesi come l'India e la Cina hanno esplorato nuove opportunità di collaborazione in R&D con il Regno Unito post-Brexit, creando nuovi canali di scambio scientifico e tecnologico.

J. Biotecnologie e Salute

Le BRICS stanno anche esplorando il campo delle biotecnologie, con una particolare attenzione alla salute.

- **Vaccini:** La pandemia di COVID-19 ha messo in evidenza l'importanza della ricerca e sviluppo in biotecnologie, con l'India e la Cina che sono diventate attori chiave nella produzione e distribuzione dei vaccini a livello globale.

- **Genomica:** La ricerca nel campo della genomica e della medicina genetica è in crescita, con la creazione di banche geniche e progetti di sequenziamento su larga scala.

Il panorama delle BRICS in termini di tecnologia e innovazione è quindi incredibilmente vario e multifacettato, con un impatto significativo a livello globale, che influisce non solo sull'economia e la politica dei paesi membri, ma anche su quella di altre nazioni e blocchi economici. Le dinamiche sono in continuo sviluppo e sarà fondamentale osservare come queste evolveranno nel prossimo futuro, influenzando il contesto internazionale dell'innovazione e dello sviluppo tecnologico.

K. Inteligenza Artificiale e Automazione

Le BRICS hanno riconosciuto l'intelligenza artificiale (IA) e l'automazione come settori chiave per la futura crescita economica e competitività globale.

- **Adozione dell'IA:** La Cina si posiziona come leader globale nell'adozione e sviluppo dell'IA, con l'obiettivo di diventare il principale hub mondiale di innovazione IA entro il 2030.

- **Etica e IA:** Vi sono crescenti discussioni riguardo alle implicazioni etiche dell'IA e alle politiche necessarie per garantire uno sviluppo e un'adozione eticamente accettabili e socialmente vantaggiosi dell'IA.

L. Ciber Sicurezza

In un'epoca in cui la digitalizzazione sta crescendo, la sicurezza cibernetica diventa essenziale.

- **Attacchi Informatici:** Con l'aumento delle minacce cibernetiche, le BRICS sono attivamente impegnate nello sviluppo di soluzioni di sicurezza informatica avanzate e nella formazione di esperti nel campo.

- **Politiche di Ciber Sicurezza:** La creazione di politiche e protocolli robusti per garantire la sicurezza delle infrastrutture critiche e dei dati degli utenti è fondamentale.

M. Spazio e Tecnologia Satellitare

La tecnologia spaziale è un altro ambito in cui i paesi BRICS stanno cercando di fare progressi significativi.

- **Missioni Spaziali:** La Cina e l'India hanno lanciato con successo varie missioni spaziali, con obiettivi che spaziano dall'esplorazione lunare al lancio di satelliti per il monitoraggio del clima.

- **Cooperazione Spaziale:** La cooperazione all'interno del blocco BRICS può vedere una condivisione di risorse e conoscenze nel campo della tecnologia spaziale.

N. Istruzione e Formazione Tecnologica

Affinché la crescita nel settore tecnologico sia sostenibile, è indispensabile un investimento solido nell'istruzione.

- **Formazione STEM:** Un forte enfasi sulla formazione in Scienza, Tecnologia, Ingegneria e Matematica (STEM) è cruciale per sviluppare talenti che possano guidare l'innovazione futura.

- **Università e Ricerca:** Le università nei paesi BRICS stanno diventando sempre più riconosciute per la ricerca in campi tecnologici avanzati.

O. Politiche di Regolamentazione e Legge

L'innovazione tecnologica esige anche un quadro normativo adeguato che possa sostenere e guidare lo sviluppo sicuro delle nuove tecnologie.

- **Proprietà Intellettuale:** Le questioni legate alla proprietà intellettuale e ai brevetti sono essenziali per proteggere le innovazioni e incentivare ulteriori ricerche e sviluppi.

- **Normative sull'IA:** La regolamentazione dell'IA, comprese le questioni di privacy e uso dei dati, è un area che richiede attenzione e sviluppo da parte dei paesi BRICS.

P. Agritech e Innovazione in Agricoltura

L'innovazione tecnologica non è limitata ai centri urbani o ai settori IT tradizionali, ma ha un impatto significativo anche in agricoltura.

- **Tecnologie Agricole:** Le nuove tecnologie, compresi i droni, l'IoT e la robotica, stanno trovando applicazioni innovative nell'agricoltura, con un occhio particolare alla sostenibilità e all'efficienza.

- **Bioingegneria:** La ricerca in campo agricolo spazia dalla creazione di nuove varietà di colture alla produzione di alimenti in modo più efficiente e sostenibile.

Ciascuno di questi punti rappresenta un settore vitale e una faccia della medaglia dell'innovazione e dello sviluppo tecnologico all'interno delle nazioni BRICS. Le traiettorie di sviluppo, gli obiettivi, e le sfide variano tra i membri, tuttavia, essi condividono un interesse comune nel coltivare avanzamenti tecnologici e nel mantenere una posizione di rilievo sul palcoscenico mondiale dell'innovazione. Come il panorama tecnologico globale continua a evolversi, le BRICS rimarranno probabilmente agenti chiave nel plasmare il futuro dell'innovazione tecnologica a livello mondiale, ogni paese con le proprie specializzazioni e aree di eccellenza.

Q. Biotecnologie e Sanità

La sfida della salute globale e l'avanzamento delle biotecnologie è un settore fondamentale per le nazioni BRICS.

- **Sviluppo di Vaccini:** Durante la pandemia di COVID-19, paesi come la Russia e l'India hanno giocato ruoli importanti nello sviluppo e nella produzione di vaccini, mostrando competenze significative nelle biotecnologie e nella produzione farmaceutica.

- **Ricerca Genetica:** L'innovazione in genetica e terapie geniche sono diventate aree fondamentali di ricerca e sviluppo, con applicazioni che vanno dal trattamento di malattie genetiche allo sviluppo di nuove terapie farmacologiche.

R. Smart Cities e Urbanizzazione

Con l'urbanizzazione in crescita, le BRICS stanno sviluppando infrastrutture e tecnologie per città più intelligenti e sostenibili.

- **Infrastrutture Intelligenti:** La costruzione di infrastrutture urbane intelligenti, dall'illuminazione stradale connessa a sistemi di trasporto efficienti, è una priorità.

- **Sicurezza Urbana:** L'applicazione di tecnologie come il riconoscimento facciale e sistemi intelligenti di monitoraggio del traffico contribuisce alla sicurezza e alla gestione efficiente delle metropoli.

S. Industria 4.0 e Produzione

Le BRICS hanno un ruolo determinante nell'evoluzione verso l'Industria 4.0.

- **Robotica:** La robotica applicata alla produzione industriale è fondamentale per aumentare l'efficienza e ridurre i costi, oltre che per migliorare la qualità della produzione.

- **Interconnessione:** I sistemi di produzione sono sempre più interconnessi e intelligenti, utilizzando l'Internet delle Cose (IoT) e altre tecnologie digitali per ottimizzare i processi.

T. E-commerce e Digitalizzazione

L'espansione dell'e-commerce e la digitalizzazione del retail sono fenomeni evidenti nei paesi BRICS.

- **Piattaforme Digitali:** L'e-commerce sta crescendo in modo esponenziale, e piattaforme come Alibaba (Cina) sono diventate giganti globali nell'ambito della vendita al dettaglio online.

- **Pagamenti Digitali:** L'adozione di sistemi di pagamento digitali e crittografici sta modificando il panorama finanziario e retail nei paesi BRICS.

U. Ambiente e Tecnologie Verdi

La sostenibilità ambientale attraverso l'innovazione tecnologica è un'altra area chiave di interesse e sviluppo.

- **Energie Rinnovabili:** L'investimento e lo sviluppo di tecnologie legate all'energia rinnovabile, come il solare e l'eolico, sono essenziali per un futuro energetico sostenibile.

- **Tecnologie per la Decarbonizzazione:** Le tecnologie che contribuiscono alla decarbonizzazione dei vari settori industriali, inclusi CCS (Carbon Capture and Storage) e soluzioni per l'economia circolare, stanno guadagnando terreno.

La tecnologia e l'innovazione nelle nazioni BRICS abbracciano un ventaglio incredibilmente ampio di settori e applicazioni. In ogni area, questi paesi stanno esplorando e implementando soluzioni per affrontare sia sfide nazionali che globali, spesso attraverso un mix di iniziative private e pubbliche. La vastità e la profondità dell'innovazione e dello sviluppo tecnologico all'interno delle BRICS sono straordinari e continueranno a plasmare il futuro globale dell'innovazione tecnologica in modi significativi e a volte imprevisti. La collaborazione tra questi paesi potrebbe anche accelerare lo sviluppo e l'adozione di nuove tecnologie, creando nuove opportunità e magari nuove sfide lungo la strada.

V. Intelligenza Artificiale e Big Data

Le BRICS si stanno anche focalizzando sullo sviluppo dell'Intelligenza Artificiale (IA) e delle tecnologie relative ai Big Data, considerando l'impatto trasformativo di queste tecnologie su vari settori.

- **IA nell'Industria:** In Cina, l'IA è stata impiegata massicciamente nell'industria manifatturiera per ottimizzare i processi e migliorare la qualità del prodotto, attraverso il monitoraggio continuo e l'analisi dei dati di produzione.

- **Sistemi di Raccomandazione:** In ambito e-commerce, i sistemi di raccomandazione basati sull'IA sono utilizzati per personalizzare l'esperienza d'acquisto, analizzando i dati degli utenti e prevedendo le loro preferenze.

W. Spazio e Tecnologia Aerospaziale

Le BRICS hanno notevoli ambizioni anche nello sviluppo di tecnologie aerospaziali e nella ricerca spaziale.

- **Missioni Spaziali:** La Cina ha lanciato missioni spaziali che prevedono l'esplorazione della Luna e di Marte, mentre l'India ha guadagnato riconoscimento per le sue missioni a costo contenuto.

- **Satelliti:** Il lancio e l'uso di satelliti per fini di comunicazione, meteorologia e osservazione della Terra sono aspetti cruciali delle politiche spaziali di queste nazioni.

X. Cybersecurity e Protezione dei Dati

La crescente digitalizzazione ha reso la cybersecurity e la protezione dei dati priorità assolute per le nazioni BRICS.

- **Sicurezza delle Infrastrutture Critiche:** Assicurare che le infrastrutture critiche siano protette da attacchi cibernetici è vitale per la sicurezza nazionale e per l'economia di ogni nazione BRICS.

- **Protezione dei Dati Personali:** La protezione dei dati e la privacy degli utenti sono diventate centrali, con paesi come l'India e il Brasile che implementano regolamentazioni per proteggere le informazioni dei cittadini.

Y. Nanotecnologia e Materiali Avanzati

La ricerca e lo sviluppo nel campo delle nanotecnologie e dei materiali avanzati offrono enormi potenzialità in vari settori.

- **Medicina:** Le nanotecnologie trovano applicazioni innovative nel campo medico, come nelle terapie mirate e nella somministrazione di farmaci.

- **Elettronica:** I materiali avanzati, come i semiconduttori di nuova generazione, stanno guidando l'innovazione nell'elettronica e nei dispositivi intelligenti.

Z. Oceanografia e Tecnologie Marine

L'esplorazione e lo sfruttamento sostenibile degli oceani sono vitali per lo sviluppo futuro, considerate le enormi risorse disponibili in termini di biodiversità e minerali.

- **Energia Marina:** La ricerca in tecnologie per sfruttare l'energia delle maree e delle onde è un ambito di particolare interesse per garantire un futuro energetico più sostenibile.

- **Biologia Marina:** La biotecnologia marina, che esplora l'utilizzo di organismi marini per sviluppare nuovi farmaci e materiali, è un settore in crescita.

Le nazioni BRICS, attraverso una combinazione di iniziative statali, collaborazioni internazionali e innovazioni guidate dal settore privato, stanno progressivamente ampliando il loro impatto e la loro influenza nell'ambito delle tecnologie avanzate e dell'innovazione. La crescente espansione in diversi campi della tecnologia promette di plasmare l'equilibrio globale della potenza tecnologica e potrebbe rivoluzionare i modi in cui la tecnologia viene creata, condivisa e implementata a livello mondiale. In ogni caso, la sfida continua sarà quella di equilibrare l'innovazione con le considerazioni etiche, legali e sociali emergenti in questi spazi in evoluzione.

Le nazioni BRICS si sono effettivamente concentrate su un'ampia gamma di settori tecnologici e di innovazione per rimanere competitive su scala globale, sviluppando ulteriormente vari aspetti delle tecnologie e promuovendo la ricerca e l'innovazione in molti ambiti.

AA. Tecnologie Ambientali e Sostenibilità

- **Energie Rinnovabili:** Le BRICS stanno investendo ampiamente nelle energie rinnovabili. La Cina, ad esempio, è uno dei maggiori produttori mondiali di pannelli solari. L'India, d'altro canto, sta cercando di ampliare la sua capacità nel settore dell'energia eolica e solare, mirando a diventare un attore chiave nel campo delle energie rinnovabili.

- **Veicoli Elettrici:** In termini di mobilità sostenibile, la transizione verso veicoli elettrici (VE) è un altro settore in cui le nazioni BRICS stanno investendo, con sforzi particolari nel miglioramento delle infrastrutture di ricarica e nello sviluppo di batterie più efficienti.

BB. Biotecnologia

- **Ingegneria Genetica:** La biotecnologia è un'area chiave di sviluppo per le BRICS. L'ingegneria genetica e le tecnologie CRISPR sono utilizzate in ambiti come l'agricoltura per lo sviluppo di colture OGM resistenti a parassiti e malattie, e nella medicina per la ricerca su terapie geniche e personalizzate.

- **Biofarmaceutica:** Il settore biofarmaceutico delle BRICS sta vivendo una rapida crescita, con un aumento degli investimenti in ricerca e sviluppo per la produzione di vaccini, terapie innovative e prodotti farmaceutici biotecnologici.

CC. Educazione e Formazione Tecnologica

- **Educazione STEM:** L'educazione nei campi della scienza, tecnologia, ingegneria e matematica (STEM) è vista come fondamentale per alimentare la futura forza lavoro delle BRICS e supportare la loro ambizione innovativa e tecnologica.

- **Formazione Professionale:** Esiste anche un enfasi sulla formazione professionale e sullo sviluppo delle competenze necessarie per operare in settori tecnologicamente avanzati e industriali.

DD. Robotica e Automazione

- **Robotica Industriale:** Le BRICS stanno ampliando l'utilizzo della robotica nei settori manifatturiero e industriale, automatizzando processi e implementando robot intelligenti in varie linee di produzione e logistica.

- **Robotica Medica:** Il settore medico sta sperimentando l'introduzione di tecnologie robotiche, come i robot chirurgici che assistono i medici durante gli interventi, o sistemi di assistenza al paziente automatizzati.

EE. Internet delle Cose (IoT)

- **Città Intelligenti:** L'IoT sta giocando un ruolo centrale nello sviluppo di città intelligenti nelle nazioni BRICS, dove sensori e dispositivi connessi sono utilizzati per migliorare l'efficienza dei servizi urbani e la qualità della vita dei cittadini.

- **Industria 4.0:** L'IoT è anche una componente fondamentale dell'Industria 4.0, connettendo macchinari e dispositivi industriali e permettendo una gestione e manutenzione più efficiente delle attrezzature.

Mentre le nazioni BRICS continuano a esplorare e sviluppare le proprie capacità nei suddetti settori, è evidente che il contesto geopolitico, le collaborazioni internazionali, gli accordi di commercio e gli sviluppi tecnologici globali avranno un impatto significativo sul modo in cui queste nazioni navigano e plasmano il futuro del loro paesaggio tecnologico e innovativo. La collaborazione tra le nazioni BRICS, unitamente a una considerazione attenta delle implicazioni etiche e sociali delle tecnologie emergenti, continuerà a essere vitale per sostenere e guidare lo sviluppo sostenibile e inclusivo nel contesto di una società globalizzata e interconnessa. L'equilibrio tra crescita, innovazione, sostenibilità e inclusività rappresenterà una sfida fondamentale nei prossimi anni, con le BRICS che esploreranno varie strategie per realizzare una transizione equa e resiliente verso il futuro.

Conclusione: Tecnologia e Innovazione nelle BRICS

Un'incubatrice globale di Innovazione

Le nazioni BRICS, attraverso il continuo investimento e l'impegno in diversi campi della tecnologia e dell'innovazione, si stanno configurando come vetture propulsive nel paesaggio globale della tecnologia. Questi paesi hanno evidenziato un interesse specifico e un'attuazione strategica nel campo delle tecnologie emergenti, dedicando risorse significative per diventare leader nei vari settori, come evidenziato dai diversi esempi in ambiti quali le tecnologie verdi, la biotecnologia, e la robotica.

Superamento delle Disparità

Benché le nazioni BRICS stiano avanzando, vi è una necessità imperativa di affrontare le disparità esistenti a livello nazionale e internazionale. Il divario tra le aree urbane e quelle rurali in termini di accesso alle tecnologie, nonché le differenze nelle capacità di innovazione tra le nazioni BRICS, sono questioni che richiedono attenzione e azione. Pertanto, politiche inclusive e sforzi coordinati sono fondamentali per assicurare che i benefici della tecnologia e dell'innovazione siano distribuiti in modo equo tra tutte le sfere della società.

Collaborazioni e Partnership

Le partnership, sia a livello interno che internazionale, sono cruciali per il successo delle BRICS nel campo tecnologico. Lavorare con varie entità, come imprese, università, istituti di ricerca e altri paesi, è fondamentale per accrescere il pool di conoscenze e competenze. Le collaborazioni possono anche facilitare la condivisione di tecnologie, il coinvolgimento in progetti di ricerca congiunti, e l'accesso a mercati globali, elementi tutti che possono amplificare l'innovazione e la competitività delle BRICS sul palcoscenico mondiale.

Sfide Etiche e Normative

Le implicazioni etiche e normative delle nuove tecnologie devono essere attentamente esaminate e navigate dalle nazioni BRICS. I temi quali la privacy, la sicurezza dei dati, e le implicazioni socio-economiche delle tecnologie emergenti necessitano di essere affrontati attraverso regolamentazioni robuste, dialogo pubblico e, ove necessario, mediante collaborazioni internazionali per stabilire norme globali.

Verso un Futuro Sostenibile e Innovativo

Infine, guardando al futuro, le BRICS, con il loro sostanziale potenziale di innovazione e crescita, hanno la responsabilità e l'opportunità di guidare il mondo verso un futuro più sostenibile e tecnologicamente avanzato. L'impegno verso la creazione di tecnologie che non solo propellano la crescita economica ma che anche indirizzino questioni critiche come i cambiamenti climatici, la disuguaglianza, e la sicurezza, è essenziale. Questo richiederà un approccio equilibrato e multidimensionale che metta in primo piano la sostenibilità, l'equità e la resilienza, assicurando che le innovazioni tecnologiche benefici non solo le economie delle BRICS ma anche la società nel suo insieme.

In sintesi, la tecnologia e l'innovazione nelle nazioni BRICS non sono solo un motore di crescita economica e sviluppo ma anche un mezzo attraverso il quale questi paesi possono realizzare e contribuire agli obiettivi globali comuni, creando un futuro in cui la tecnologia sia un bene condiviso, accessibile e vantaggioso per tutti.

8. Sviluppo Sostenibile • Politiche e pratiche di sviluppo sostenibile adottate dalle BRICS.

Sviluppo Sostenibile nelle BRICS

Le nazioni BRICS (Brasile, Russia, India, Cina e Sudafrica) rivestono un ruolo critico nell'orientamento del mondo verso un percorso di sviluppo sostenibile. Ognuna di queste nazioni possiede una ricchezza di risorse e una popolazione significativa, implicando che le loro politiche e pratiche in termini di sostenibilità hanno un impatto considerevole a livello globale.

Brasile: Biodiversità e Energia Rinnovabile

Il Brasile, grazie alla sua vasta biodiversità e agli ampi ecosistemi, ha posto enfasi sulla conservazione della biodiversità e sull'uso sostenibile delle risorse. L'enfasi è stata anche posta sulla promozione dell'energia rinnovabile, specialmente l'energia idroelettrica e la produzione di biocombustibili, pur affrontando contemporaneamente le sfide legate alla deforestazione e alla protezione delle terre indigene.

Russia: Gestione delle Risorse Naturali e Conservazione

La Russia, con le sue vaste riserve di gas naturale e petrolio, ha affrontato sfide nel bilanciare lo sfruttamento di queste risorse con l'obiettivo di preservazione ambientale. L'attenzione alla conservazione della sua vasta wilderness e la gestione sostenibile delle sue risorse naturali sono questioni chiave nelle sue politiche di sviluppo sostenibile.

India: Crescita Inclusiva e Soluzioni Verdi

L'India si è concentrata su una crescita inclusiva, cercando di bilanciare il rapido sviluppo economico con la necessità di garantire equità e sostenibilità. La promozione di tecnologie verdi, miglioramento dell'efficienza energetica e riduzione della povertà sono alcuni degli obiettivi principali delle sue politiche di sviluppo sostenibile.

Cina: Industrializzazione Verde e Innovazione

La Cina ha esplorato le vie dell'industrializzazione verde, puntando su tecnologie pulite e pratiche produttive sostenibili per ridurre l'impatto ambientale della sua massiccia produzione industriale. L'innovazione in tecnologie ambientali e lo sviluppo di città ecologiche sono parte integrante della sua strategia verso la sostenibilità.

Sudafrica: Riduzione della Disuguaglianza e Protezione Ambientale

Il Sudafrica ha posto l'accento sulla riduzione delle disuguaglianze e sulla protezione dell'ambiente. L'equilibrio tra l'industrializzazione e la protezione delle sue ricche biodiversità e ecosistemi è un elemento cruciale delle sue politiche.

Collaborazioni e Sfide Comuni

Le nazioni BRICS, pur avendo percorsi distinti verso lo sviluppo sostenibile, condividono sfide comuni e hanno pertanto avviato collaborazioni attraverso vari forum e piattaforme. Ciò include il dialogo su questioni quali il cambiamento climatico, la gestione delle risorse naturali e la promozione dell'energia pulita. La cooperazione e la condivisione delle conoscenze tra queste nazioni sono essenziali per guidare azioni collettive e sostenere gli sforzi individuali verso la sostenibilità.

Considerazioni Finali

Le BRICS, in quanto potenze emergenti, hanno l'opportunità e la responsabilità di plasmare un percorso di sviluppo che non solo soddisfi le esigenze immediate dei loro cittadini ma che anche salvaguardi il futuro del pianeta. Le politiche e pratiche adottate da queste nazioni influenzeranno in modo significativo la capacità del mondo di raggiungere gli Obiettivi di Sviluppo Sostenibile (SDGs) delle Nazioni Unite e di navigare verso un futuro più giusto e sostenibile. L'integrazione di strategie economiche, sociali e ambientali, attraverso politiche nazionali e collaborazioni internazionali, sarà cruciale nel definire il successo delle BRICS nell'ambito dello sviluppo sostenibile.

La tematica dello sviluppo sostenibile nelle nazioni BRICS continua a essere particolarmente rilevante nel contesto globale, considerando l'enorme impatto che questi paesi hanno sulla scena internazionale in termini economici, sociali e ambientali. Pur essendo stata già delineata una panoramica di come ciascuna nazione affronta questa tematica, si può approfondire ulteriormente esplorando diversi sotto-aspetti e sfaccettature.

Le sfide relative allo sviluppo sostenibile per le nazioni BRICS sono incredibilmente variegate, derivando dai contesti geografici, culturali, economici e sociali unici di ciascuna di esse. Per esempio, ognuna delle nazioni BRICS ha una differente demografia e profilo socio-economico che influisce sui pattern di consumo, sulla domanda di energia e risorse, e sulla capacità di mitigare e adattarsi ai cambiamenti climatici.

Allo stesso tempo, le BRICS sono anche tra i principali contributori alle emissioni globali di gas serra, con Cina e India tra i primi emettitori a livello mondiale. L'implicazione di ciò sulla necessità di sviluppare e implementare tecnologie e pratiche sostenibili è enorme, sia a livello nazionale che per il loro impatto a livello globale.

È inoltre interessante esplorare come le politiche di sviluppo sostenibile vengano influenzate e, a loro volta, influenzino le dinamiche politiche interne ed esterne. La necessità di garantire la sicurezza energetica, per esempio, può spingere verso investimenti in energie rinnovabili, ma anche in soluzioni basate su combustibili fossili.

Il dilemma tra la promozione della crescita economica e la protezione dell'ambiente è una tensione persistente nelle politiche di sviluppo sostenibile. Gli sforzi per stimolare l'economia, spesso, possono essere in contrasto con gli obiettivi di sostenibilità, e trovare un equilibrio tra queste due esigenze richiede abilità politica e volontà.

Dall'altro lato, la sostenibilità ambientale può anche offrire opportunità economiche. Ad esempio, l'industria delle energie rinnovabili, che comprende la produzione di energia solare, eolica e da altre fonti rinnovabili, ha il potenziale di creare posti di lavoro e stimolare la crescita economica mentre contemporaneamente affronta la crisi climatica.

I modelli di urbanizzazione e l'espansione delle città nelle nazioni BRICS rappresentano un'altra area cruciale per lo sviluppo sostenibile. L'urbanizzazione rapida e spesso non pianificata può portare a sfide significative in termini di gestione dei rifiuti, inquinamento dell'aria e dell'acqua, e altre questioni ambientali. Al contempo, le città rappresentano vettori di innovazione e sviluppo economico, e il loro ruolo nel plasmare un futuro sostenibile non può essere sottovalutato.

Nel contesto globale, le BRICS svolgono un ruolo chiave nel definire l'agenda dello sviluppo sostenibile, influenzando non solo le traiettorie di sviluppo dei propri paesi ma anche le dinamiche internazionali relative al cambiamento climatico, alla biodiversità e ad altre questioni ambientali chiave. Pertanto, l'intersezione tra politiche nazionali e azioni a livello internazionale diventa un ambito rilevante da esplorare ulteriormente.

L'analisi delle politiche, dei programmi e delle iniziative specifiche che sono state implementate nelle nazioni BRICS per promuovere lo sviluppo sostenibile può offrire spunti su come le lezioni apprese e le migliori pratiche possono essere condivise e adattate in diversi contesti nazionali e regionali. Questo, a sua volta, può arricchire la discussione e la pratica dello sviluppo sostenibile a livello globale, contribuendo a modellare un futuro che bilanci i bisogni dell'economia, della società e dell'ambiente in maniera equa e resiliente. E questa analisi può ancora essere ulteriormente approfondita, esplorando svariati aspetti e sfaccettature di ogni singola pratica e politica, il tutto nel contesto di una visione olistica e integrata dello sviluppo sostenibile.

Approfondendo ulteriormente la tematica dello sviluppo sostenibile tra le nazioni BRICS, esploriamo come ciascuna nazione gestisca il dilemma tra sviluppo economico e protezione ambientale attraverso l'uso di diverse strategie e metodi.

Per esempio, le BRICS stanno aumentando progressivamente i loro investimenti nel settore delle energie rinnovabili. La Cina, ad esempio, è diventata una delle principali produttrici e consumatrici di energia solare al mondo, mentre l'India ha lanciato ambiziosi progetti di energia eolica e solare per ridurre la dipendenza dai combustibili fossili. La Russia, dotata di vaste risorse energetiche, sta gradualmente implementando politiche per diversificare le fonti di energia e integrare l'energia rinnovabile nel mix energetico nazionale. Questi investimenti non sono solamente motivati dalla necessità di ridurre le emissioni di gas serra, ma anche dalla volonta di sostenere la crescita economica attraverso lo sviluppo di nuovi settori industriali.

Le infrastrutture sostenibili rappresentano un altro settore chiave in cui le nazioni BRICS stanno cercando di coniugare sviluppo e sostenibilità. Questo coinvolge la creazione di città più sostenibili attraverso la pianificazione urbana, la costruzione di edifici energeticamente efficienti, e lo sviluppo di sistemi di trasporto pubblico a basse emissioni di carbonio. Ciò rappresenta un'opportunità sia per migliorare la qualità della vita dei cittadini sia per stimolare l'innovazione e la creazione di posti di lavoro.

La sostenibilità delle filiere produttive è un altro aspetto fondamentale che le nazioni BRICS stanno esplorando. La promozione di pratiche agricole sostenibili, la gestione responsabile delle risorse naturali, e l'implementazione di strategie per una produzione e un consumo responsabili sono cruciali per garantire che lo sviluppo economico non avvenga a spese dell'ambiente e delle comunità locali.

Inoltre, le nazioni BRICS stanno sviluppando diverse politiche e strumenti finanziari per sostenere la transizione verso un'economia più verde e resiliente. Ciò include l'uso di incentivi fiscali per stimolare investimenti in settori sostenibili, la creazione di fondi per sostenere progetti di conservazione ambientale e la promozione dell'investimento socialmente responsabile.

In una prospettiva di lungo termine, l'educazione e la formazione giocano un ruolo fondamentale nel promuovere la sostenibilità all'interno delle nazioni BRICS. L'integrazione della sostenibilità nei programmi di studio, la promozione della ricerca e dell'innovazione in campi correlati allo sviluppo sostenibile, e la formazione di capacità e competenze nel mercato del lavoro per sostenere la transizione verso settori più verdi sono tutte strategie che stanno venendo perseguite.

L'accesso equo e sostenibile alle risorse, in particolare l'acqua e l'energia, rappresenta una sfida significativa nelle nazioni BRICS, che sono caratterizzate da enormi disuguaglianze socio-economiche. Creare sistemi che garantiscano l'accesso universale a servizi e risorse fondamentali, in modo sostenibile ed equo, è fondamentale per assicurare che lo sviluppo sostenibile benefici tutti i cittadini.

Allo stesso tempo, i paesi BRICS sono anche attivamente impegnati in forum internazionali legati allo sviluppo sostenibile, come l'Agenda 2030 delle Nazioni Unite e l'Accordo di Parigi sul cambiamento climatico. In questi contesti, si adoperano sia come rappresentanti dei propri interessi nazionali sia come voci influenti dei paesi in via di sviluppo in generale.

In ultimo, le questioni di governance, trasparenza e partecipazione pubblica sono anch'esse vitali quando si parla di sviluppo sostenibile nelle BRICS. La partecipazione di tutti gli stakeholder, inclusi il settore privato, la società civile e le comunità locali, è essenziale per creare soluzioni sostenibili e inclusive che siano radicate nelle esigenze e nelle aspirazioni delle persone.

Queste riflessioni rappresentano solo alcune delle molte sfaccettature dello sviluppo sostenibile nelle nazioni BRICS e si potrebbe continuare ad approfondire ciascuno di questi aspetti attraverso un'analisi dettagliata e specifica, valutando le politiche, le strategie e le iniziative implementate, così come le sfide e le opportunità che emergono in ciascun contesto nazionale e regionale.

Concludendo, le politiche e pratiche di sviluppo sostenibile adottate dalle nazioni BRICS rappresentano una tessera fondamentale nel mosaico del loro sviluppo economico e sociale, poiché simultaneamente affrontano questioni ambientali, economiche e sociali. Da un lato, la sfida principale per questi paesi è bilanciare l'urgente necessità di sviluppo socioeconomico, che comprende l'industrializzazione, l'urbanizzazione e la crescita economica, con la tutela dell'ambiente e l'uso responsabile delle risorse naturali.

I BRICS, con le loro crescenti economie e popolazioni, hanno un impatto significativo sul clima e sull'ambiente globali, ma stanno anche vivendo di prima mano gli effetti del cambiamento climatico e della degradazione ambientale. Per esempio, le problematiche legate alla qualità dell'aria, alla gestione delle risorse idriche e alla perdita di biodiversità sono solo alcune delle questioni cruciali che devono affrontare, e che richiedono soluzioni ingegnose e sostenibili.

Mentre ciascuna nazione delle BRICS affronta sfide uniche in termini di sviluppo sostenibile, tutte condividono una comune aspirazione a promuovere uno sviluppo che non solo soddisfi le esigenze attuali ma che assicuri anche la stabilità e la prosperità delle generazioni future. In questo contesto, il concetto di sviluppo sostenibile viene tradotto in politiche nazionali e strategie di implementazione che cercano di bilanciare obiettivi talvolta contrastanti, garantendo allo stesso tempo una ripartizione equa delle opportunità e dei benefici dello sviluppo.

Gli sforzi compiuti dai paesi BRICS per promuovere lo sviluppo sostenibile attraverso la transizione energetica, l'innovazione tecnologica, la gestione sostenibile delle risorse naturali e la promozione dell'equità sociale sono particolarmente rilevanti nel contesto globale. Le loro iniziative non solo influenzano le traiettorie di sviluppo all'interno dei propri confini ma modellano anche la governance ambientale e lo sviluppo sostenibile a livello globale.

Un altro aspetto che emerge è l'importanza della cooperazione sia a livello intraregionale che internazionale. La cooperazione tra i paesi BRICS, così come tra i BRICS e altre nazioni e regioni, è essenziale per condividere conoscenze, esperienze e best practice in merito allo sviluppo sostenibile. Questo scambio reciproco non solo rafforza la capacità di ciascuna nazione di perseguire obiettivi di sviluppo sostenibile, ma favorisce anche la costruzione di un ordine internazionale più equo e sostenibile.

In conclusione, la via percorribile dalle nazioni BRICS per garantire uno sviluppo sostenibile richiederà un impegno costante, strategie ben pensate e una ferma volontà politica. Il ruolo delle BRICS nel panorama globale, le loro sfide e opportunità interne e l'interconnessione tra le questioni di sviluppo sostenibile e altri ambiti, come la sicurezza, la tecnologia e la salute, rendono la loro gestione delle politiche e pratiche di sviluppo sostenibile un argomento di rilevanza mondiale, che influenzerà indubbiamente le dinamiche economiche, sociali e ambientali del XXI secolo.

9. Disuguaglianze e Disparità • Esame delle disuguaglianze e disparità all'interno e tra i paesi BRICS.

Le disuguaglianze e le disparità, sia all'interno che tra i paesi BRICS (Brasile, Russia, India, Cina e Sudafrica), rappresentano una questione critica che interseca vari aspetti dello sviluppo sociale, economico e politico. Questi paesi, nonostante abbiano fatto significativi progressi economici negli ultimi decenni, affrontano sfide sostanziali relative alle disuguaglianze interne e alle disparità tra di loro.

Disuguaglianze interne:

1. **Economiche:** C'è una visibile disparità di reddito e di ricchezza all'interno di questi paesi. La distribuzione della ricchezza è fortemente sbilanciata, con minoranze ricche che detengono una quota significativa delle risorse nazionali.

2. **Sociali:** Le disuguaglianze sociali si manifestano in vari modi, come l'accesso limitato alla sanità, all'istruzione e ad altre risorse e opportunità essenziali per determinate fasce della popolazione.

3. **Di Genere:** In diversi paesi BRICS, le donne e le ragazze affrontano disuguaglianze sostanziali in

termini di accesso all'istruzione, opportunità
lavorative, rappresentanza politica e controllo
delle risorse.

4. **Etniche e Culturali:** Ci sono anche notevoli
   disuguaglianze tra diversi gruppi etnici e
   culturali, che riguardano sia le possibilità
   economiche che l'accesso a diritti e opportunità.

Disparità tra i paesi BRICS:

1. **Sviluppo Economico:** Nonostante siano tutti
   considerati economie emergenti, esistono
   notevoli differenze in termini di PIL, dimensione
   dell'economia e capacità produttiva tra i paesi
   BRICS.

2. **Strutture Politiche:** Ogni paese BRICS ha una
   sua struttura politica e governativa distinta, che
   si traduce in diverse capacità di risposta e
   approcci alle questioni di disuguaglianza.

3. **Politiche Sociali:** Ci sono differenze sostanziali
   in termini di politiche sociali, inclusi i sistemi di
   welfare e la protezione sociale.

4. **Gestione Ambientale:** I paesi BRICS
   mostrano una varietà di approcci e capacità nella
   gestione delle questioni ambientali e delle sfide
   climatiche.

L'**India**, per esempio, affronta sfide colossali legate alle disuguaglianze di casta e religione, mentre il **Brasile** lotta con disparità economiche e violenza. La **Russia** affronta crescenti disuguaglianze economiche e una concentrazione di ricchezza tra un'elite ristretta. La **Cina** ha una notevole disparità regionale in termini di sviluppo economico tra le aree costiere e quelle interne. Il **Sudafrica**, d'altra parte, ha una delle più alte disuguaglianze di reddito al mondo, legate sia a fattori storici che a sfide attuali.

In una prospettiva tra i paesi, la **Cina** domina in termini di dimensione economica e influenza globale, mentre paesi come il **Sudafrica** affrontano sfide più accentuate riguardanti la stabilità economica e la crescita. L'**India** è notevole per la sua demografia e la scala delle sue sfide di sviluppo. La **Russia** gioca un ruolo chiave a livello geopolitico, ma affronta problemi economici e demografici. Il **Brasile**, afflitto da instabilità politica e problemi sociali, porta avanti la sua lotta per la giustizia sociale e la stabilità economica.

Affrontare queste disuguaglianze e disparità richiede un'attenzione congiunta a politiche interne equitative e a cooperazione e solidarietà internazionali, in modo che i paesi BRICS possano apprendere reciprocamente e sostenersi a vicenda nel percorso verso uno sviluppo più inclusivo e sostenibile.

All'interno del discorso sulle disuguaglianze e le disparità nei paesi BRICS, è essenziale esplorare in profondità anche le matrice socio-culturale, la dinamica demografica, le prospettive future e la geopolitica di ogni nazione e del blocco nel suo insieme.

Dinamiche Demografiche e Prospettive Future

La demografia gioca un ruolo fondamentale nelle disparità tra i paesi BRICS. In **India**, ad esempio, una popolazione giovane ma con un'alta percentuale di persone prive di accesso a istruzione e sanità di qualità pone una sfida significativa alla realizzazione del suo potenziale demografico. La **Cina**, al contrario, sta affrontando l'invecchiamento della popolazione, che potrebbe impattare la sua crescita economica e sostenibilità sociale. Il **Brasile** e il **Sudafrica** affrontano una pressione demografica diversa, con la necessità di creare opportunità per una forza lavoro giovane e in crescita. La **Russia**, con una demografia che inclina verso un invecchiamento della popolazione e una popolazione attiva in diminuzione, ha le sue proprie sfide uniche in termini di sostenibilità dello sviluppo.

Geopolitica e Influences Estere

La posizione geopolitica e la storia di ciascun paese BRICS influenzano enormemente le loro traettorie di sviluppo e le relative disuguaglianze. Per esempio, le sanzioni economiche a cui la **Russia** è stata sottoposta hanno avuto un impatto su vari settori del suo sistema economico e sociale. La **Cina** è attualmente al centro di numerose tensioni geopolitiche, e come queste potrebbero influenzare la sua economia e società è una questione critica. L'**India**, essendo in una regione con diverse tensioni transfrontaliere, deve bilanciare le sue priorità di sviluppo con esigenze strategiche e di sicurezza.

Emergenti Sfide Globali

Le emergenti sfide globali, come i cambiamenti climatici, le pandemie, e la digitalizzazione, pongono nuove questioni riguardo le disuguaglianze. Ad esempio, mentre la digitalizzazione offre opportunità per lo sviluppo economico e sociale, può anche esacerbare le disuguaglianze esistenti, sia all'interno che tra i paesi. La crisi sanitaria globale legata al COVID-19 ha rivelato e intensificato le disparità esistenti, mettendo a nudo le fragilità dei sistemi sanitari e delle reti di sicurezza sociale.

Le Politiche e la Cooperazione Internazionale

La creazione di politiche che mirano specificamente a ridurre le disuguaglianze è essenziale. Questo include politiche che mirano a ridurre la disparità di reddito, migliorare l'accesso all'istruzione e alla sanità, e promuovere l'uguaglianza di genere. Inoltre, mentre ogni paese BRICS ha la sua matrice di disuguaglianza unica, vi sono lezioni e pratiche che possono essere condivise tra di loro, creando un framework per la cooperazione sud-sud.

Sviluppo Urbano e Rurale

La disparità nello sviluppo urbano e rurale è un altro fattore cruciale quando si esplorano le disuguaglianze. Mentre alcune aree urbane all'interno dei paesi BRICS godono di un rapido sviluppo e modernizzazione, molte aree rurali sono lasciate indietro, creando un divario nel benessere e nelle opportunità disponibili per le persone in queste diverse regioni.

Le sfide sono molteplici e complesse, e richiedono strategie sofisticate e politiche ben ponderate, nonché una cooperazione multilaterale efficace per essere affrontate in modo efficace. In questo contesto, la cooperazione tra i paesi BRICS, così come con altri partner globali, può giocare un ruolo significativo nel condividere conoscenze, expertise e risorse per affrontare le persistenti e emergenti sfide delle disuguaglianze e disparità.

Investimenti e Flussi Capitali

L'analisi delle disuguaglianze e delle disparità nei paesi BRICS non può prescindere da una valutazione degli investimenti e dei flussi di capitali. Gli investimenti diretti esteri (IDE) e i flussi di capitali all'interno dei paesi BRICS evidenziano significative disuguaglianze.

Alcune regioni e settori attraggono considerevoli investimenti, mentre altri vengono trascurati, contribuendo a creare e perpetuare disparità. La **Cina**, ad esempio, ha attirato significativi IDE, diventando un hub mondiale per la produzione manifatturiera. Tuttavia, ciò ha anche causato gravi disparità regionali, con le zone costiere che prosperano molto di più delle regioni interne.

Politiche Fiscali e Disuguaglianze

Le politiche fiscali, ovvero il modo in cui i governi raccolgono e spendono le risorse, giocano un ruolo fondamentale nel determinare i livelli di disuguaglianza all'interno di un paese. Per esempio, in **Brasile**, nonostante una serie di politiche sociali, le disparità rimangono altamente visibili a causa delle persistenti ingiustizie nel sistema fiscale e nelle strutture di spesa, che spesso beneficiano le élite piuttosto che i gruppi sociali più vulnerabili.

Sistemi Educativi e Disparità

L'accesso e la qualità dell'istruzione sono altri aspetti cruciali delle disuguaglianze tra e all'interno dei paesi BRICS. In **India**, ad esempio, l'accesso all'istruzione superiore è fortemente polarizzato lungo linee socio-economiche e geografiche, il che contribuisce a perpetuare cicli intergenerazionali di povertà e disuguaglianza. Le politiche educative che non riescono a raggiungere i segmenti più svantaggiati della società contribuiscono a creare un ciclo di disuguaglianza che è difficile da rompere.

Disparità di Genere e Inclusione Sociale

La disuguaglianza di genere rappresenta una questione pressante nei paesi BRICS. Nonostante i progressi compiuti, le donne nei paesi BRICS affrontano spesso barriere sostanziali in termini di accesso al lavoro, parità salariale e rappresentanza in posizioni di leadership. Il **Sudafrica**, per esempio, ha lavorato attivamente per migliorare la parità di genere attraverso varie leggi e iniziative, ma rimangono significative sfide legate a problemi strutturali e culturali.

Integrazione Regionale e Connettività

L'integrazione regionale e la connettività tra diverse parti dei paesi BRICS mostrano disparità in termini di sviluppo e opportunità. In nazioni di vasta estensione come la **Russia**, la disuguaglianza regionale è notevole, e l'equità nell'accesso a opportunità, servizi e infrastrutture tra le diverse regioni rimane un problema persistente che alimenta disuguaglianze socio-economiche.

Politiche Ambientali e Sviluppo Sostenibile

L'approccio allo sviluppo sostenibile e alle politiche ambientali all'interno dei paesi BRICS riflette un altro spettro di disuguaglianze. Paesi come la **Cina** hanno vissuto un significativo degrado ambientale come risultato diretto della rapida industrializzazione, il che ha avuto un impatto sproporzionato sulle popolazioni vulnerabili che spesso vivono in aree con elevati livelli di inquinamento.

Mobilità Sociale e Lavoro

La mobilità sociale, ovvero la capacità degli individui di migliorare il loro status socio-economico, è strettamente legata alle opportunità di lavoro e all'istruzione. Nei paesi BRICS, la mobilità sociale varia notevolmente, e in alcuni casi, come quello del **Brasile**, esistono barriere significative che impediscono alle persone di avanzare economicamente e socialmente, rinforzando i cicli di povertà e disuguaglianza.

Conflitti e Disuguaglianze

La presenza di conflitti, sia interni che con nazioni confinanti, influisce pesantemente sulle disuguaglianze all'interno dei paesi BRICS. Ad esempio, in **India**, il conflitto prolungato in regioni come il Jammu e il Kashmir ha alimentato disparità e disuguaglianze non solo a livello regionale ma ha anche influenzato le politiche e le priorità a livello nazionale.

Conclusioni Preliminari

Sebbene ciascun paese BRICS affronti le sue sfide uniche in termini di disuguaglianze e disparità, esistono temi comuni e condivisi che emergono attraverso il blocco, tra cui le disparità regionali, la disuguaglianza di genere, e le disuguaglianze nell'accesso a servizi fondamentali come l'istruzione e la sanità. Questi elementi sono essenziali per sviluppare una comprensione olistica delle disuguaglianze e delle disparità nei BRICS e richiedono ulteriori analisi e considerazioni dettagliate nei discorsi politici e accademici.

Disuguaglianze e Disparità nei Paesi BRICS: Conclusione

I paesi BRICS, pur essendo accomunati da alcune tendenze di crescita e sviluppo, presentano una complessità notevole in termini di disuguaglianze e disparità sociali, economiche e ambientali. Le realtà di Brasile, Russia, India, Cina e Sudafrica si intersecano e divergono su molteplici piani, attraversando sfera socio-economica, genere, ambiente e integrazione regionale.

Disuguaglianze Socio-economiche e Mobilità Sociale

Le disuguaglianze socio-economiche nei paesi BRICS sono intrecciate con la mobilità sociale. Le barriere strutturali all'istruzione, all'accesso a opportunità di lavoro qualificate e a servizi sanitari di qualità intralciano la mobilità sociale, mantenendo inalterate le disparità esistenti. Il consolidamento di un'élite economica, a spese delle masse impoverite, eleva ulteriormente queste disuguaglianze. Il tema della distribuzione della ricchezza e dell'accesso alle opportunità diventa centrale, e le politiche per contrastare la crescente forbice tra i ricchi e i poveri diventano imprescindibili per un futuro sostenibile ed equo.

Genere e Disparità

La disuguaglianza di genere continua a permeare le società BRICS nonostante gli sforzi politici e sociali. La discriminazione di genere si manifesta in ambiti quali retribuzione, occupazione, educazione e rappresentanza politica. Affrontare queste questioni non solo è imperativo dal punto di vista dei diritti umani ma è anche essenziale per il progresso socio-economico, poiché l'empowerment delle donne è strettamente collegato allo sviluppo sostenibile.

Disparità Regionali

Le disparità regionali, soprattutto in paesi di vaste dimensioni come Russia e Cina, sono notevoli. Le regioni centrali e costiere, spesso più sviluppate, contrastano con le aree interne e periferiche, che lottano con infrastrutture inadeguate, opportunità limitate e sfide allo sviluppo. Queste disuguaglianze geografiche richiedono strategie mirate per equilibrare lo sviluppo e garantire che le risorse e le opportunità siano distribuite più uniformemente.

Ambiente e Sviluppo Sostenibile

Il dialogo tra sviluppo e protezione ambientale si intreccia con le disuguaglianze, dove spesso le comunità più povere subiscono il peso della degradazione ambientale. Le politiche ambientali dei paesi BRICS devono dunque considerare come strategie per la sostenibilità possano essere inclusive e non generare ulteriori disparità.

Strumenti e Strategie per il Cambiamento

Al fine di invertire la traiettoria delle disuguaglianze e disparità nei paesi BRICS, la creazione e implementazione di politiche inclusive diventa fondamentale. Questo richiede una combinazione di politiche fiscali proattive, investimenti in istruzione e salute, strategie di sviluppo regionale e programmi di empowerment di genere. Inoltre, il dialogo continuo tra i paesi BRICS per condividere conoscenze e best practices potrebbe fungere da catalizzatore per sviluppare soluzioni innovative e collaborative al fine di affrontare queste sfide comuni.

Verso un Futuro più Equo e Sostenibile

Il cammino verso un futuro più equo per i paesi BRICS è innegabilmente arduo e richiede impegno concertato da parte dei governi, del settore privato e della società civile. Affrontare le disuguaglianze e le disparità implica la costruzione di un tessuto sociale e economico più resiliente e integrato, dove i benefici dello sviluppo sono condivisi più ampiamente e dove ogni cittadino ha l'opportunità di realizzare il proprio potenziale.

In questa prospettiva, le lezioni apprese da ciascun paese BRICS dovrebbero illuminare la via verso strategie più inclusive e giuste, garantendo che lo sviluppo futuro non solo sia vigoroso dal punto di vista economico ma anche equamente distribuito tra tutti i settori della società.

Conflitti e Cooperazione tra i Membri delle BRICS

1. Panorama Generale

I paesi BRICS (Brasile, Russia, India, Cina e Sudafrica) hanno rappresentato un'entità significativa nella politica e nell'economia globali. Benché uniti da interessi comuni, quali lo sviluppo economico e la riforma delle istituzioni finanziarie internazionali, essi manifestano una gamma di divergenze e conflitti che coesistono con aree di cooperazione.

2. Conflitti Evidenti tra i Membri delle BRICS

a. Divergenze Economiche e Commerciali

Cina e India hanno sperimentato tensioni commerciali legate alle disuguaglianze negli scambi e alle barriere tariffarie. Anche il Brasile ha espresso preoccupazioni riguardo alle pratiche commerciali cinesi e alla concorrenza nel settore agricolo.

b. Conflitti Territoriali

Il più evidente conflitto territoriale all'interno delle BRICS è quello tra India e Cina, specialmente lungo la loro vasta frontiera montuosa, con dispute storiche e recenti schermaglie militari.

c. Divergenze Ideologiche e Politiche

Le divergenze politiche e ideologiche tra i membri, come quella tra la democrazia parlamentare indiana e il sistema più centralizzato della Cina, hanno generato attriti e disallineamenti in politica estera e interna.

3. Aree di Cooperazione

a. Cooperazione Economica

Nonostante i conflitti, i membri delle BRICS hanno identificato e perseguito aree di collaborazione economica, come il Nuovo Banco di Sviluppo, istituito per finanziare progetti di sviluppo sostenibile e infrastrutturale nei paesi BRICS e in altre economie emergenti.

b. Sicurezza e Politica

I BRICS lavorano congiuntamente su questioni di sicurezza e politica in alcuni forum internazionali, cercando di consolidare il loro peso e influenza nel sistema internazionale, e promuovendo la riforma delle istituzioni globali, come il FMI e la Banca Mondiale.

c. Scambio Culturale e Educativo

I paesi hanno promosso iniziative per intensificare gli scambi culturali e educativi, allo scopo di costruire ponti e promuovere una comprensione reciproca tra i popoli BRICS.

4. Un Equilibrio Delicato tra Conflitto e Cooperazione

Il rapporto tra i paesi BRICS è un delicato equilibrio tra cooperazione e competizione. Da un lato, esiste una volontà comune di collaborare in alcune aree di interesse reciproco; dall'altro, le rivalità e i conflitti, sia storici che attuali, rappresentano ostacoli significativi alla piena realizzazione del potenziale del gruppo.

Le questioni di sicurezza, commercio e influenza globale rappresentano aree particolarmente sensibili. Per esempio, la crescente presenza globale della Cina, sia in termini economici che militari, è vista con sospetto da altri membri, in particolare l'India, alimentando tensioni e sospetti.

5. Verso un Futuro di Maggiore Collaborazione?

La sfida per i BRICS nel prossimo futuro sarà quella di navigare attraverso queste acque tumultuose, cercando di minimizzare i conflitti e massimizzare le aree di cooperazione. Ciò potrebbe richiedere compromessi, flessibilità e un impegno rinnovato per il dialogo e la comprensione reciproca.

A lungo termine, la capacità dei BRICS di superare le divergenze e di focalizzarsi su obiettivi e interessi condivisi determinerà il successo e l'influenza del gruppo nel panorama mondiale. E in un mondo sempre più multipolare e interconnesso, la cooperazione multilaterale tra paesi con risorse e influenze significative, come i BRICS, sarà fondamentale per affrontare le sfide globali che giacciono davanti.

Le dinamiche di conflitto e cooperazione all'interno delle BRICS si intrecciano e si sviluppano anche in relazione alle influenze esterne e alle dinamiche globali. La frammentazione e le sinergie tra questi stati emergenti sono in continua evoluzione, rispecchiando sia le tensioni sia gli interessi comuni che ne modellano le interazioni.

Ad esempio, la guerra commerciale tra Cina e Stati Uniti, che ha raggiunto il suo apice nel 2018-2019, ha avuto implicazioni per tutte le economie BRICS. La Cina, in particolare, ha cercato di diversificare i suoi partner commerciali e investire in nuovi mercati, una mossa che ha avuto ripercussioni sia competitive che collaborative per Brasile, Russia, India e Sudafrica. Mentre queste nazioni potrebbero trarre vantaggio dal riassetto delle rotte commerciali e produttive, sorgono anche nuove tensioni in termini di surplus e deficit commerciali, così come in relazione alla crescita di determinati settori produttivi.

Anche la sfera digitale emerge come un campo dinamico di cooperazione e rivalità. Ad esempio, la

Cina ha sostenuto l'India nello sviluppo di infrastrutture digitali attraverso investimenti diretti in startup e tecnologie emergenti. Tuttavia, le preoccupazioni riguardanti la sicurezza nazionale, la privacy dei dati e la proprietà intellettuale rimangono fonti di tensione tra i due paesi, tensioni che si estendono e rifrangono anche nelle loro interazioni con Brasile, Russia e Sudafrica.

Parallelamente, la transizione energetica globale e l'impegno verso una maggiore sostenibilità creano nuove dinamiche tra i membri delle BRICS. La Cina, ad esempio, ha preso impegni significativi verso la neutralità carbonica, mentre l'India sta massicciamente investendo in energia solare. La Russia, dal canto suo, pur mantenendo un ruolo preponderante come esportatore di gas e petrolio, sta anche esplorando possibilità nel campo delle energie rinnovabili. Questi sviluppi generano scenari cooperativi, nei quali i paesi BRICS possono condividere tecnologie e expertise, ma anche potenziali conflitti in termini di mercati energetici, investimenti e politiche ambientali.

Inoltre, le BRICS come entità cercano anche di stabilire un contrappeso all'influenza occidentale in termini di governance economica globale e, per farlo, necessitano di fortificare la loro coesione interna, promuovendo dialoghi e iniziative congiunte, sebbene le divergenze politiche ed economiche restino evidenti. Ciò spesso si manifesta in forum multilaterali, dove i paesi BRICS presentano fronti uniti su questioni chiave come il riformismo istituzionale e la promozione di una maggiore equità nella distribuzione del potere a livello globale.

Tuttavia, il rapporto tra i paesi delle BRICS non può essere pienamente compreso senza considerare anche il contesto socio-politico interno di ciascun membro. La crescita economica, l'espansione della classe media, le disuguaglianze e la stabilità politica interna di ogni nazione influenzano significativamente le direzioni delle politiche estere e le posizioni adottate nei confronti degli altri membri delle BRICS e, più in generale, nel panorama internazionale.

Il futuro delle BRICS e il loro impatto sul sistema internazionale continueranno quindi a essere plasmati da una complessa matrice di conflitti e cooperazioni, intersecando ambiti quali commercio, sicurezza, tecnologia e sostenibilità, e sarà essenziale monitorare come questi dinamismi si evolvano nel contesto di un ordine mondiale in trasformazione e di sfide globali sempre più pressanti.

Le BRICS, mentre cercano di navigare nelle acque delle complesse sfide globali, sono costantemente alla ricerca di strategie che possano bilanciare la cooperazione e la competitività in un contesto internazionale in continua evoluzione. La rivalità e la solidarietà interne al gruppo emergono non solo in termini economici ma anche riguardo a questioni di sicurezza e geopolitica, rendendo il loro percorso cooperativo sia fertile che complesso.

Una lente particolarmente interessante attraverso la quale esplorare ulteriormente questi temi è la geopolitica delle vaccinazioni contro il COVID-19. La pandemia ha rappresentato una sfida senza precedenti per la cooperazione internazionale e ha esacerbato e messo in luce alcune delle tensioni esistenti tra e all'interno delle BRICS. Ad esempio, l'India e il Sudafrica hanno guidato gli sforzi a livello globale per liberare i brevetti dei vaccini contro il COVID-19, proponendo una waiver all'Organizzazione Mondiale del Commercio (OMC) per facilitare la produzione di vaccini nei paesi in via di sviluppo. Questa posizione ha illuminato non solo le dinamiche Nord-Sud nella produzione e distribuzione dei vaccini ma ha anche sottolineato l'aspirazione delle BRICS a modellare le norme e le prassi globali in modo che siano più equi e favorevoli ai paesi emergenti e in via di sviluppo.

Inoltre, il crescente nazionalismo vaccinale ha rappresentato un altro punto di tensione, con paesi come la Cina e la Russia che utilizzano la "diplomazia dei vaccini" come strumento per espandere la loro influenza in regioni chiave come l'Africa e l'America Latina. Questo ha sollevato domande su come i paesi BRICS possano bilanciare gli interessi nazionali con quelli collettivi, soprattutto quando si tratta di affrontare sfide globali che richiedono risposte coordinate e solidali.

Inoltre, il percorso delle BRICS nel panorama internazionale è anche influenzato dalle infrastrutture di cooperazione interna al gruppo. Il New Development Bank (NDB) delle BRICS, ad esempio, si configura come uno strumento cruciale per finanziare progetti infrastrutturali all'interno dei paesi membri e per offrire un'alternativa ai meccanismi di prestito occidentali. Tuttavia, il NDB deve anche navigare attraverso le tensioni e gli interessi divergenti dei suoi membri, cercando di bilanciare la necessità di finanziare progetti che sono sia economicamente sostenibili che geopoliticamente accettabili per tutti i paesi BRICS.

L'espansione delle tecnologie 5G rappresenta un altro campo di potenziale cooperazione e conflitto tra i paesi BRICS. La Cina, attraverso giganti tecnologici come Huawei, ha avanzato notevolmente nello sviluppo e nel dispiegamento della tecnologia 5G, posizionandosi come leader globale. Tuttavia, preoccupazioni legate alla sicurezza e alla privacy dei dati, soprattutto da parte dell'India, evidenziano come le BRICS possano ritrovarsi sia partner che rivali nello scacchiere della tecnologia globale.

L'intersezione di queste e molte altre questioni, dalla sicurezza cibernetica all'intelligenza artificiale, dalla cooperazione spaziale alla gestione delle risorse naturali, delineerà la traiettoria futura delle BRICS nel contesto internazionale, modellando la loro capacità di operare sia come blocchi cooperativi che come nazioni rivali, ognuna con la propria agenda e le proprie priorità geopolitiche e geo-economiche. La continua esplorazione di queste dinamiche si rivela pertanto essenziale per comprendere le potenziali traiettorie future delle relazioni internazionali e la configurazione del potere globale nell'era contemporanea.

Sviscerare ulteriormente le sfumature delle relazioni intra-BRICS, potremmo notare come l'interazione tra questi stati rivela un entusiasmante ammalgamarsi di aspettative, aspirazioni e cautela. Mentre le relazioni economiche tra questi paesi spesso colgono l'attenzione dei media globali, un aspetto meno esplorato ma altrettanto cruciale è l'ambito della sicurezza e delle alleanze militari.

È significativo notare che, benché le BRICS rappresentino un fronte unito in numerose questioni economiche e politiche a livello globale, la cooperazione in termini di sicurezza non ha seguito un percorso parallelo. Le rivalità regionali, le dispute territoriali, e le differenze nei modelli di alleanza e sicurezza hanno portato a una sorta di ritardo nella formulazione di un fronte di sicurezza comune. Prendiamo, ad esempio, il complicato triangolo delle relazioni tra Cina, India e Russia.

Mentre la Russia e l'India hanno goduto di lunghe relazioni bilaterali positive, specialmente in termini di cooperazione militare e acquisti di armi, le relazioni tra India e Cina sono state segnate da tensioni, sottolineate da dispute territoriali e una guerra confinaria. Allo stesso modo, le relazioni Russia-Cina sono complesse, mischiando elementi di cooperazione e sospetto reciproco, nonostante una facciata esterna di alleanza strategica.

La gestione di queste relazioni trilaterali complesse, nel contesto più ampio delle BRICS, rappresenta una danza geopolitica estremamente delicata. Mentre il blocco ha avuto successo nell'articolare una visione condivisa per un ordine mondiale multipolare e ha lavorato insieme in forum internazionali come l'ONU per promuovere questi obiettivi, la costruzione di una struttura coesa per la cooperazione in materia di sicurezza è rimasta sfuggente.

Un altro elemento che merita un'attenzione particolare è la crescente disuguaglianza economica all'interno dei paesi BRICS. Mentre questi paesi hanno spesso fatto fronte comune in forum internazionali, sottolineando la necessità di una rappresentanza e un'influenza maggiori per i paesi emergenti, al loro interno devono fare i conti con questioni di disuguaglianza e giustizia sociale. Per esempio, mentre Cina e India hanno visto un significativo numero di persone uscire dalla povertà nelle ultime decadi, entrambi i paesi affrontano sfide significative in termini di disuguaglianza di reddito e ricchezza.

Anche il tema ambientale è fondamentale. Le nazioni BRICS sono state tra i maggiori emettitori di gas serra e sono state criticate per le loro politiche ambientali. Tuttavia, è essenziale sottolineare che queste nazioni stanno anche cercando attivamente di bilanciare la crescita economica con la sostenibilità ambientale, sforzandosi di conciliare il loro ruolo di leader nel sud del mondo con le esigenze di una crescita economica inclusiva e sostenibile. La Cina, ad esempio, ha investito massicciamente in energia rinnovabile e si è impegnata a raggiungere la neutralità del carbonio entro il 2060.

In conclusione, mentre le BRICS si presentano come un blocco economico in ascesa, le dinamiche all'interno del gruppo, compresa la cooperazione economica, la rivalità strategica e le tensioni geopolitiche, rimangono un campo ricco per l'esplorazione e l'analisi. La necessità di bilanciare le aspirazioni globali con le sfide regionali e nazionali continua a guidare le interazioni all'interno del gruppo, offrendo un panorama intricato e affascinante delle relazioni internazionali contemporanee.

In merito al tema "Conflitti e Cooperazione" tra i membri delle BRICS, la disamina degli intricati tessuti di alleanze, sfide e opportunità nel gruppo solleva diverse questioni cruciali per il futuro dell'ordine mondiale. Le BRICS, composte da Brasile, Russia, India, Cina e Sudafrica, hanno creato un forum unico che, pur essendo caratterizzato da un mix complesso di cooperazione e conflitto, ha potenzialmente ridefinito alcune dinamiche chiave della politica e dell'economia globale.

La cooperazione tra i membri delle BRICS è stata spesso enfatizzata in termini di iniziative economiche congiunte, come il New Development Bank, e di posizionamenti unitari in vari forum multilaterali. L'agenda comune delle BRICS ha tendenzialmente centrato temi come la riforma delle istituzioni finanziarie internazionali, la promozione di un ordine mondiale più multipolare, e lo sviluppo sostenibile. Tuttavia, sebbene questi temi abbiano offerto terreno comune, è anche evidente che esistono tensioni significative e non sempre dichiarate apertamente tra i membri del blocco.

Le relazioni bilaterali tra i membri delle BRICS sono estremamente variabili. Ad esempio, la relazione sino-indiana è stata tesa a causa di dispute territoriali e rivalità strategiche nel subcontinente indiano e nell'Oceano Indiano. Al contrario, la relazione sino-russa ha goduto di una cooperazione relativamente solida, specialmente in termini di coordinamento in forum multilaterali e progetti energetici congiunti. Allo stesso modo, mentre la Russia ha intrattenuto relazioni amichevoli con l'India, includendo una profonda cooperazione nel settore della difesa, il Brasile e il Sudafrica hanno a volte avuto ruoli meno centrali nelle dinamiche di cooperazione e conflitto all'interno del gruppo.

Un'altra sfida critica all'interno delle BRICS è la gestione della crescente potenza della Cina. L'enorme economia cinese, il suo rapido sviluppo tecnologico e la sua crescente influenza militare sono fattori che potrebbero influenzare le dinamiche future all'interno del blocco, specialmente in relazione a come altri membri gestiscono le loro relazioni con Pechino. La Cina, pur essendo un motore di crescita economica e un partner commerciale chiave per tutti gli altri membri delle BRICS, è anche percepita come una sfida in termini di sicurezza, soprattutto per l'India, ma anche per la Russia in certi contesti.

Di conseguenza, il futuro delle BRICS potrebbe essere fortemente influenzato dalla capacità dei suoi membri di navigare tra queste complicazioni e tensioni interne. La sostenibilità del blocco come forum significativo di cooperazione economica e politica dipenderà in larga misura dalla volontà e dalla capacità dei suoi membri di gestire sia le asimmetrie di potere interne sia le sfide e le opportunità che emergono dall'evoluzione dell'ordine mondiale.

Se il blocco può servire come un mezzo per moderare e gestire i conflitti tra i suoi membri, promuovere strategie di sviluppo condivise, e formulare risposte collettive ai cambiamenti nell'economia globale e nella governance internazionale, le BRICS potrebbero effettivamente continuare a svolgere un ruolo chiave nel modello di relazioni internazionali e nella governance globale nel prossimo futuro. Al contrario, se le tensioni interne e le rivalità diventano troppo forti, il potenziale del blocco di agire come un'entità unificata e influente sul palcoscenico mondiale potrebbe diminuire.

In ultima analisi, mentre la cooperazione all'interno delle BRICS ha il potenziale di modellare le tendenze economiche e politiche globali, le profonde divergenze e le tensioni esistenti tra i suoi membri rappresentano altresì delle sfide significative e non facilmente superabili. La continuazione del dialogo e della cooperazione, sia formalmente sia informalmente, sarà essenziale per navigare attraverso queste sfide e per sviluppare ulteriormente il potenziale delle BRICS di influenzare la struttura dell'ordine mondiale.

11. Cambiamento Climatico • Ruolo e responsabilità delle BRICS nel contesto del cambiamento climatico.

Ruolo e Responsabilità delle BRICS nel Contesto del Cambiamento Climatico

Il gruppo delle BRICS, essendo costituito da paesi con una rapida industrializzazione e una crescita economica significativa, svolge un ruolo cruciale nel contesto globale del cambiamento climatico. La collaborazione e l'azione intrapresa da Brasile, Russia, India, Cina e Sudafrica hanno un impatto notevole sulla scena internazionale, principalmente a causa delle loro notevoli emissioni di gas serra, delle rispettive economie in crescita e del loro crescente bisogno di energia.

Partecipazione Attiva in Iniziative Globali

Le nazioni BRICS giocano un ruolo attivo nei negoziati internazionali sul clima e nelle conferenze delle parti (COP) sotto l'egida della Convenzione Quadro delle Nazioni Unite sui Cambiamenti Climatici (UNFCCC). Sia collettivamente che individualmente, questi paesi sono influenti nel modellare le politiche globali e nel dare forma agli accordi climatici, come l'Accordo di Parigi del 2015.

Sfide Distinte e Diverse

Ciascun paese delle BRICS presenta sfide distinte in relazione al cambiamento climatico. Ad esempio, l'India e la Cina sono tra i maggiori emettitori di gas serra a livello globale, e mentre entrambi hanno intrapreso iniziative significative per aumentare l'uso delle energie rinnovabili, la dipendenza dal carbone rimane un problema rilevante. D'altro canto, il Brasile ha sfide uniche legate alla deforestazione dell'Amazzonia e alla gestione sostenibile della sua biodiversità.

Investimenti in Energie Rinnovabili e Tecnologie Verdi

Tutti i paesi BRICS hanno investito considerevolmente in energie rinnovabili e tecnologie verdi. L'India, ad esempio, ha stabilito obiettivi ambiziosi per espandere la sua capacità di energia solare e eolica. La Cina, d'altro canto, è un leader mondiale nella produzione di pannelli solari e turbine eoliche, mentre il Brasile ha una lunga storia di produzione di bioetanolo e ha integrato i biocarburanti nella sua matrice energetica.

Divergenze Politiche ed Economiche

Nonostante la cooperazione, esistono notevoli divergenze tra le politiche climatiche delle nazioni BRICS. Mentre alcuni paesi potrebbero priorizzare la crescita economica, altri potrebbero sottolineare maggiormente la protezione ambientale e la mitigazione del cambiamento climatico. Queste divergenze sono spesso collegate a fattori economici, sociali e geopolitici unici per ciascuna nazione, rendendo la cooperazione in materia di cambiamento climatico sia un'opportunità che una sfida.

Vulnerabilità e Adattamento al Cambiamento Climatico

I paesi BRICS sono anche notevolmente vulnerabili agli impatti del cambiamento climatico, come estremi climatici, aumento del livello del mare e cambiamenti nei modelli di precipitazioni. La necessità di adattamento è fondamentale per assicurare che le popolazioni vulnerabili, le infrastrutture critiche e gli ecosistemi vitali siano protetti dai cambiamenti climatici in atto e futuri.

Conclusione

Le BRICS, collettivamente e singolarmente, detengono una porzione significativa della responsabilità e del potere di modellare le risposte globali al cambiamento climatico. La gestione efficace delle rispettive sfide interne e la costruzione di un consenso all'interno del gruppo possono amplificare l'efficacia delle loro azioni sul palcoscenico mondiale. La strada verso una cooperazione fruttuosa richiederà un equilibrio tra obiettivi nazionali e collettivi, tra crescita economica e protezione ambientale, tra iniziative nazionali e partecipazione a iniziative multilaterali.

Se desideri che il testo sia ulteriormente espanso o approfondito in specifici sottopunti, non esitare a farlo sapere!

Politiche di Difesa e Sicurezza delle BRICS nel Nuovo Ordine Mondiale

Le politiche di difesa e sicurezza delle nazioni BRICS sono intrinsecamente legate alle rispettive posizioni geopolitiche, obiettivi strategici e percezioni delle minacce nel nuovo ordine mondiale. Le BRICS, pur essendo un'entità relativamente coesa in certi ambiti, come lo sviluppo economico e le questioni relative al cambiamento climatico, presentano notevoli divergenze nei loro approcci e politiche riguardanti la difesa e la sicurezza.

Prospettive Individuali sulle Minacce alla Sicurezza e sulla Difesa

Ogni stato BRICS possiede un set distintivo di percezioni delle minacce e di obiettivi strategici. Per esempio, la Cina si focalizza in gran parte sul Mar Cinese Meridionale, Taiwan, e sulle sfide rappresentate dagli USA nella regione. La Russia è concentrata sui paesi dell'OTAN e sulle questioni di sicurezza in Europa orientale e nell'Artico. L'India ha delle considerevoli preoccupazioni di sicurezza riguardanti i propri vicini, in particolare il Pakistan e la Cina, mentre il Brasile e il Sudafrica sono maggiormente concentrati su questioni regionali e questioni di pace e sicurezza a livello continentale.

Meccanismi di Cooperazione in Ambito BRICS

Le BRICS, attraverso varie cime e forum, cercano di promuovere il dialogo e la cooperazione in materia di sicurezza e difesa, anche se le azioni congiunte sono spesso limitate da divergenze di interessi nazionali. I membri hanno intrapreso iniziative per incrementare la cooperazione nei settori della sicurezza informatica, del contrasto al terrorismo, e dello sviluppo delle capacità militari, promuovendo nel contempo il dialogo sulle questioni di sicurezza attraverso incontri regolari dei ministri della Difesa e della Sicurezza.

Conflitti d'Interessi e Tensioni Bilaterali

Esistono anche tensioni e conflitti d'interesse significativi all'interno del blocco. Un esempio notevole è rappresentato dalle tensioni territoriali tra l'India e la Cina, che hanno persino condotto a scontri armati lungo i loro confini contesi. Tali tensioni complicano la costruzione di una politica di difesa e sicurezza comune e coesa all'interno del blocco delle BRICS.

I Membri delle BRICS sul Palcoscenico Globale

Ogni membro delle BRICS cerca di affermare il proprio ruolo e influenza sul palcoscenico globale. La Russia e la Cina, in particolare, stanno cercando di sfidare l'ordine mondiale esistente, promuovendo la propria visione del mondo e cercando di controbilanciare l'influenza occidentale. India, Brasile, e Sudafrica, d'altro canto, cercano spesso di mediare tra una vasta gamma di interessi e coalizioni globali, perseguendo una politica estera che equilibra le relazioni sia con l'Occidente che con altre potenze emergenti.

La Dimensione Militare e Strategica

L'approccio delle BRICS alla difesa e alla sicurezza è anche fortemente influenzato dalle proprie capacità militari e strategiche. La Cina e la Russia, con forze armate considerevoli e arsenali nucleari, adottano spesso un approccio più assertivo nelle loro regioni rispetto agli altri membri delle BRICS. L'India, essendo una potenza nucleare, anch'essa adotta un approccio robusto alle questioni di difesa, mentre il Brasile e il Sudafrica tendono a enfatizzare la diplomazia preventiva, la mediazione, e le missioni di mantenimento della pace.

Conclusioni

Le politiche di difesa e sicurezza delle BRICS nel nuovo ordine mondiale sono un amalgama di cooperazione e competizione, con i membri che cercano di bilanciare la promozione di interessi nazionali con la manutenzione e lo sviluppo del blocco BRICS come un attore internazionale significativo. Le diverse percezioni delle minacce, le priorità strategiche e gli obiettivi geopolitici, insieme alle tensioni bilaterali e alle rivalità, rendono il dialogo e la cooperazione in materia di sicurezza tra le BRICS una dinamica complessa e sfumata, che riflette le complessità e i paradossi dell'ordine mondiale contemporaneo.

Per maggiori dettagli o ulteriori approfondimenti su aree specifiche, non esitare a chiedere!

Proseguendo, è vitale considerare le implicazioni più ampie delle politiche di difesa e sicurezza delle BRICS nel contesto del nuovo ordine mondiale, considerando gli aspetti quali le alleanze militari, l'industria dell'armamento e l'influenza geopolitica.

Influenza nel Nuovo Ordine Mondiale

Le BRICS, collettivamente e individualmente, hanno la capacità di modellare il panorama della sicurezza globale, portando avanti sia obiettivi condivisi che divergenti. Per esempio, mentre c'è una convergenza generale su temi come il multilateralismo e la riforma delle istituzioni globali, le strategie specifiche e gli approcci per raggiungere tali obiettivi possono variare notevolmente tra i membri.

Collaborazioni con altre Nazioni e Blocchi

Le relazioni delle BRICS con altre nazioni e blocchi di potere sono anche particolarmente significative in termini di impatto sulla stabilità e sicurezza globale. La

Russia e la Cina, per esempio, hanno stabilizzato una stretta collaborazione bilaterale su numerosi aspetti della difesa e della sicurezza, mentre al contempo sviluppano relazioni con altre nazioni attraverso forum e organizzazioni come l'Organizzazione di Shanghai per la Cooperazione (SCO). L'India, mentre condivide certi forum con Russia e Cina, ha anche coltivato forti legami con nazioni occidentali e altre democrazie globali, complicando ulteriormente la dinamica interna delle BRICS.

L'Industria dell'Armamento e le Strategie Militari

L'industria dell'armamento e le strategie militari delle nazioni BRICS sono anch'esse un aspetto cruciale. Per esempio, la Cina ha significativamente ampliato la propria presenza nell'industria dell'armamento globale, diventando uno dei maggiori esportatori di armi al mondo e influenzando in tal modo le dinamiche di potere in diverse regioni. Allo stesso tempo, la Russia ha cercato di mantenere e ampliare la propria influenza come principale attore nel mercato dell'armamento globale.

Questioni Nucleari

La questione nucleare è un'altra area dove le politiche delle BRICS hanno un impatto notevole. La Russia e la Cina sono potenze nucleari stabilite, mentre l'India, pur avendo armi nucleari, non è riconosciuta come stato nucleare dal Trattato di Non Proliferazione

(NPT). Le differenti posizioni e strategie nucleari delle nazioni BRICS influenzano non solo le loro relazioni bilaterali, ma anche le dinamiche di sicurezza regionale e globale, la stabilità strategica e gli sforzi di non proliferazione.

Cybersecurity e Guerra Informatica

In termini di cybersicurezza e guerra informatica, le nazioni BRICS svolgono un ruolo sempre più rilevante, affrontando sfide sia come vittime che come protagonisti di attività malevole nello spazio cibernetico. Le strategie di difesa cibernetica, l'uso delle tecnologie dell'informazione e della comunicazione (TIC) per la difesa e la sicurezza, e le capacità offensive nello spazio cibernetico sono tutte aree di crescente enfasi e sviluppo per le nazioni BRICS.

Proiezione del Potere Globale

La proiezione del potere militare e la dimostrazione della forza, attraverso esercitazioni militari, dispiegamenti e operazioni all'estero, sono altri modi con cui le BRICS stanno cercando di affermare e modellare il proprio ruolo nel nuovo ordine mondiale. L'impegno in missioni di mantenimento della pace sotto l'egida delle Nazioni Unite, nonché operazioni unilaterali o multilaterali in contesti specifici, serve come mezzo per avanzare interessi, stabilire credenziali e influenzare la sicurezza regionale e globale.

La complessità e le sfaccettature delle politiche di difesa e sicurezza delle BRICS nel nuovo ordine mondiale offrono un'ampia gamma di aree per ulteriori analisi e discussione, fornendo sia opportunità che sfide per la cooperazione e la competizione tra i membri e con altri attori globali.

Le BRICS, nel quadro delle loro politiche di difesa e sicurezza, enfatizzano anche la necessità di una nuova struttura di sicurezza e di gestione dei conflitti in ambito globale. In questo contesto, è essenziale valutare ulteriori aspetti che potrebbero plasmare il contesto della sicurezza e difesa a livello mondiale e regionale.

Utilizzo della Tecnologia nel Campo della Difesa

L'incorporamento della tecnologia avanzata nei programmi di difesa delle BRICS ha avuto un impatto sostanziale sulla capacità delle nazioni di proiettare potenza e influenzare. L'introduzione di tecnologie come l'intelligenza artificiale, i droni, e le piattaforme di guerra cibernetica ha ampliato le capacità operative e strategiche delle BRICS, mentre al contempo ha sollevato nuove questioni etiche e strategiche. Le tecnologie emergenti hanno inoltre il potenziale di ridefinire la natura del conflitto, spostando sempre più l'attenzione verso domini non tradizionali come lo spazio cibernetico e lo spazio extraterrestre.

Tensioni Territoriali e Strategie Difensive

Le questioni legate alle tensioni territoriali e alle strategie difensive nazionali rappresentano un altro ambito che merita ulteriori approfondimenti. Ad esempio, l'India e la Cina hanno vissuto situazioni di tensione lungo i loro confini montuosi, il che ha inevitabilmente influenzato le politiche di sicurezza regionali e globali. Allo stesso tempo, la Russia ha le proprie sfide in termini di sicurezza territoriale e integrità, siano esse legate alle sue regioni occidentali e alle relazioni con la NATO, o al suo Sud, riguardante questioni di sicurezza nel Caucaso.

Ideologie Politiche e Nazionalismo

Le ideologie politiche e il nazionalismo svolgono anche un ruolo fondamentale nelle politiche di difesa delle BRICS. La crescente ondata di nazionalismo in ciascuno di questi paesi potrebbe rafforzare le politiche di difesa esistenti e, contemporaneamente, potenzialmente incoraggiare una maggiore assertività sul palcoscenico globale. Ciò, a sua volta, potrebbe sia promuovere l'unità all'interno delle singole nazioni BRICS che causare tensioni all'interno del gruppo e con altre nazioni.

Implicazioni Economiche delle Politiche di Difesa

Le implicazioni economiche delle politiche di difesa e sicurezza sono un altro fattore cruciale da considerare. Gli investimenti nelle forze armate e nella modernizzazione militare possono avere sia benefici che svantaggi per le economie nazionali delle BRICS. Da un lato, ciò può stimolare i settori industriali legati alla difesa e creare occupazione, mentre dall'altro, potrebbe anche sviarne risorse preziose da altri settori vitali come l'educazione e la sanità.

Cooperazione Militare Interna

La cooperazione militare tra le nazioni BRICS rappresenta un'altra dimensione degna di nota. Nonostante esistano svariate tensioni bilaterali tra i membri, come quelle tra India e Cina, il blocco ha cercato di consolidare una certa misura di cooperazione militare. Le esercitazioni militari congiunte e i forum di dialogo sulla sicurezza tra le BRICS sono strumenti attraverso i quali il blocco cerca di navigare e mitigare le tensioni interne, pur perseguendo obiettivi di sicurezza comuni.

Rivalità Geopolitiche con Altri Blocchi

Le rivalità geopolitiche e le dinamiche di potere con altri blocchi e nazioni al di fuori delle BRICS sono una realtà persistente che inevitabilmente incide sulle politiche di difesa e sicurezza del gruppo. La relazione delle BRICS con nazioni e gruppi come gli Stati Uniti, l'Unione Europea, e la NATO è complicata e multifaccettata, caratterizzata da un mix di cooperazione in certi ambiti e di concorrenza e contesa in altri.

Norme Internazionali e Diritto Internazionale

Infine, l'adesione e l'interpretazione delle norme internazionali e del diritto internazionale rappresentano un ulteriore elemento chiave. Le politiche di difesa delle BRICS e il loro impatto sul nuovo ordine mondiale sono anche funzione della loro volontà di conformarsi, sfidare, o ridefinire le norme e le strutture legali internazionali esistenti, in ambiti che vanno dal disarmo al diritto del mare.

Ciascuno di questi elementi fornisce una vista penetrante sul complesso panorama delle politiche di difesa e sicurezza delle BRICS e sulle loro implicazioni per l'ordine mondiale contemporaneo. Tuttavia, è fondamentale sottolineare che la natura in continua evoluzione delle dinamiche geopolitiche e delle relazioni internazionali richiede un esame continuo e una rivalutazione delle strategie e delle politiche in questione.

C'è un'enfasi peculiare sull'implicazione che le politiche di difesa e sicurezza delle BRICS detengono per la configurazione del potere globale, e come tali politiche siano permeate e, in un certo senso, configurate in risposta alla globalizzazione e alle sfide della moderna architettura di sicurezza mondiale.

Conflitti Asimmetrici e Nuove Minacce

Nel contesto attuale, ci troviamo di fronte a minacce e conflitti asimmetrici, quali terrorismo, guerra cibernetica e bio-minacce, che richiedono una riconsiderazione delle tradizionali strutture di difesa e sicurezza. Ad esempio, l'attacco cibernetico ha la potenzialità di compromettere infrastrutture critiche, sconvolgere economie nazionali e minacciare la sicurezza nazionale. La guerra informatica e la disinformazione sono diventati strumenti sempre più predominanti nell'arsenale strategico delle nazioni, mirando a destabilizzare società e politicizzando le divisioni interne.

Cyber Sicurezza e Guerra Informatica

Le BRICS, in quanto potenze emergenti, si stanno attivamente avventurando nello sviluppo delle loro capacità in campo cibernetico, cercando non solo di difendersi dalle minacce, ma anche di elaborare strumenti che possano essere utilizzati a fini difensivi e offensivi. L'integrazione della tecnologia nei loro apparati militari e di sicurezza riflette non solo un adeguamento alle minacce moderne, ma anche un'aspirazione a esercitare un maggiore controllo e influenza nel dominio cibernetico globale.

Corsa agli Armamenti e Disarmo

Le tensioni sono palpabili anche in termini di corsa agli armamenti e politiche di disarmo. Le BRICS stesse sono immerse in una serie di complesse relazioni che coinvolgono sia corsa agli armamenti che sforzi di disarmo. La dotazione nucleare di India, Russia e Cina e le relative politiche di deterrenti, nonché la proliferazione delle tecnologie militari avanzate, sono tutte questioni che necessitano di essere esaminate attraverso una lente che contempli sia le dinamiche interne delle BRICS che le loro relazioni con le altre nazioni.

Implicazioni Sociali delle Politiche di Difesa

Le implicazioni sociali delle politiche di difesa e sicurezza sono anch'esse degne di attenzione. La militarizzazione, la spesa per la difesa e la crescente enfasi sulla sicurezza possono avere ripercussioni sui diritti civili, sulla distribuzione delle risorse e sulle priorità di sviluppo. Inoltre, il rafforzamento delle strutture militari e di sicurezza in ciascuna delle nazioni BRICS può avere implicazioni diverse per i diritti umani, la libertà di espressione e la gestione delle proteste e delle dissenso interno.

Relazioni BRICS e Vecchie Potenze

Inoltre, il modo in cui le BRICS interagiscono con le "vecchie potenze", cioè gli Stati Uniti e i paesi europei, oltre alle loro politiche nei confronti di nazioni strategicamente importanti come l'Iran, la Corea del Nord e il Pakistan, è indicativo della direzione in cui il nuovo ordine mondiale potrebbe evolversi. Mentre cercano di ribadire e solidificare la loro influenza e la loro presenza in diverse regioni, sono contemporaneamente impegnate in una sorta di bilanciamento del potere con gli Stati Uniti e l'Europa, oscillando tra cooperazione e confronto.

Politiche di Sicurezza Regionale

Dal punto di vista della sicurezza regionale, ciascuna delle nazioni BRICS è coinvolta in una serie di conflitti e tensioni che richiedono una combinazione di approcci diplomatici, militari e di sicurezza per gestire e mitigare. Per esempio, il coinvolgimento della Russia in Ucraina e Siria, l'India nei suoi vicini regionali e nei conflitti transfrontalieri, e la Cina nel Mar Cinese Meridionale rappresentano sfide significative che plasmano le loro rispettive politiche di sicurezza e anche influenzano la dinamica all'interno del blocco BRICS.

Conclusioni

La questione delle politiche di difesa e sicurezza delle BRICS non può essere affrontata senza una comprensione approfondita delle sfide specifiche che ciascuno dei membri affronta a livello nazionale e internazionale. Ogni nazione, pur condividendo certe aspirazioni e obiettivi con gli altri membri del blocco, naviga attraverso un insieme unico di sfide e opportunità che riflettono le loro particolari circostanze geopolitiche, storiche e socio-economiche.

Ciononostante, il dialogo e la cooperazione in termini di difesa e sicurezza all'interno del blocco BRICS rimarranno centrali nelle loro strategie individuali e collettive, mirando a ribadire il loro ruolo e la loro influenza nel nuovo ordine mondiale, e potenzialmente a riscrivere alcune delle regole e delle norme che governano le relazioni internazionali e la sicurezza globale. In ultima analisi, un'analisi accurata delle strategie di difesa e sicurezza delle BRICS richiede un impegno continuo per comprendere e interpretare le mutazioni in corso nel panorama geopolitico e di sicurezza mondiale, le quali sono in una condizione di flusso perpetuo.

Conclusione: Le BRICS nel Dibattito Globale sulla Difesa e Sicurezza

Il profilo emergente delle BRICS sulla scena internazionale, ancorato nelle loro politiche di difesa e sicurezza, rappresenta un'introduzione significativa a nuove dinamiche e forze nell'arena geopolitica globale. La diversità e la complessità delle sfide di sicurezza affrontate dai paesi BRICS, unite alle loro ambizioni globali e regionali, generano un intricato tessuto di collaborazione, competizione e, in alcuni casi, confronto.

Strategie Bilaterali e Multilaterali

Le politiche di difesa e sicurezza delle BRICS sono modulate attraverso una miscela di strategie bilaterali e multilaterali, cercando di bilanciare le tensioni intrinseche tra la sovranità nazionale e la cooperazione internazionale. Questo intricato bilanciamento si manifesta nelle varie alleanze, accordi di sicurezza e impegni diplomatici, sia all'interno del blocco BRICS che con altre nazioni e blocchi regionali.

Innovazioni nel Settore Difensivo

Da un punto di vista militare e tecnologico, le BRICS hanno percorso strade notevoli, dedicando ingenti risorse allo sviluppo di capacità militari avanzate e all'adozione di tecnologie emergenti. Ciò non solo rafforza le loro capacità difensive, ma proietta anche un'immagine di potenza militare che può essere utilizzata come strumento di influenza e deterrenza geopolitica.

Dinamiche di Potere

Le dinamiche di potere tra le BRICS e i paesi occidentali stabilizzati, in particolare gli Stati Uniti e gli alleati NATO, rappresentano una continua danza di cooperazione e rivalità. In diversi teatri, come quello medio-orientale e asiatico, le BRICS cercano di affermare la propria influenza, a volte in contrasto con gli interessi occidentali, generando un equilibrio geopolitico in evoluzione.

Sfide della Globalizzazione e della Sicurezza Comune

La globalizzazione e le sfide trasnazionali, come il terrorismo, i conflitti asimmetrici e la cyber-sicurezza, richiedono una risposta congiunta e strategie di sicurezza innovative. La connessione tra minacce trasnazionali e sicurezza interna genera un ambiente in cui la cooperazione multilaterale diventa fondamentale, nonostante le rivalità e le differenze ideologiche.

Stabilità Regionale

In ambito regionale, i paesi BRICS giocano ruoli cruciali nello stabilire o, in alcuni casi, nel disturbo dell'equilibrio di potere, influenzando la pace e la stabilità. La comprensione di come le loro politiche di difesa influenzino le tensioni regionali e globali è vitale per decifrare il futuro della sicurezza internazionale.

Riflessioni Finali

In sintesi, mentre le BRICS si affermano come attori chiave nel contesto della sicurezza globale, il loro impatto è tanto multifaccettato quanto sfaccettato. La coesione interna del blocco, nonostante le differenze e le dispute bilaterali, simbolizza un tentativo concertato di riposizionamento nella gerarchia globale. Tuttavia, le individualità nazionali e le singole agende geopolitiche continuano a modellare le traiettorie distinte delle loro politiche di difesa e sicurezza, offrendo un panorama ricco e talvolta contraddittorio di alleanze, rivalità e strategie cooperative.

Il cammino futuro delle BRICS, sia come entità collettiva che come nazioni individuali, rimane un percorso intriso di potenziali, sfide e incognite, che richiederà un'attenta navigazione attraverso gli intrecciati corridoi della politica di difesa e sicurezza mondiale. Analizzare e comprendere le sottigliezze delle loro politiche, strategie e alleanze sarà fondamentale per intuire la direzione del nuovo ordine mondiale emergente e le implicazioni di queste potenze nel contesto della stabilità e sicurezza globale.

Impatto delle Culture e delle Società delle BRICS sul Mondo

L'impatto delle culture e delle società dei paesi BRICS sul mondo è immenso e multidimensionale, permeando vari settori, da quello economico a quello politico, e influenzando discorsi globali su sviluppo, diritti umani, e diversità culturale. Le culture delle BRICS, date le loro radici storiche, demografiche e sociali, presentano un mosaico di tradizioni, pratiche, lingue e credenze che influenzano profondamente il panorama globale.

Diversità e Ricchezza Culturale

1. **Diversità Linguistica e Religiosa:**

   - Le BRICS ospitano una miriade di lingue e religioni, creando un mosaico culturale che informa e arricchisce il dialogo globale su tolleranza e diversità.

2. **Patrimonio e Storia:**

   - Ogni nazione BRICS vanta un ricco patrimonio culturale e storico, spesso riflettendo le antiche civiltà e le profonde tradizioni che hanno modellato le società globali nel corso dei secoli.

Arte e Espressione Culturale

3. **Cinema e Media:**

   - Paesi come l'India, con Bollywood, e il Brasile, con le sue vibranti espressioni cinematografiche e televisive, hanno permeato la cultura popolare mondiale, influenzando estetica e narrazioni globali.

4. **Arte e Letteratura:**

   - Gli artisti e gli scrittori delle BRICS hanno influito significativamente sui discorsi culturali e artistici globali, portando diverse prospettive e narrativa nelle arti mondiali.

Influenza Sociale e Demografica

5. **Dinamiche Popolazionali:**

   - La grande popolazione di nazioni come Cina e India non solo guida i mercati globali, ma anche la diffusione e l'adozione di tendenze culturali e sociali.

6. **Migrazioni e Diaspore:**

   - Le vaste diaspore dei paesi BRICS nel mondo fungono da ponti culturali, facilitando lo scambio e l'integrazione culturale tra differenti regioni del mondo.

Educazione e Ricerca

7. **Scambi Accademici e Ricerca:**

   - Le istituzioni accademiche BRICS contribuiscono significativamente alla ricerca globale e agli scambi accademici, promuovendo così il sapere e le innovazioni culturali, scientifiche e tecnologiche.

Politica e Società

8. **Modello Sociale:**

   - I modelli sociali e politici, come il modello di sviluppo economico della Cina, hanno influenzato i discorsi globali sullo sviluppo e la governance.

9. **Movimenti per i Diritti Civili:**

   - Movimenti come quelli contro l'apartheid in Sudafrica servono da ispirazione e punto di riferimento per le lotte globali per i diritti civili e la giustizia.

Cucina e Gastronomia

10. **Cucina Globale:**

- La gastronomia delle nazioni BRICS ha influenzato i palati e le cucine di tutto il mondo, rendendo piatti come il curry indiano o il feijoada brasiliano riconosciuti globalmente.

Moda e Stile

11. **Moda e Design:**

- Gli stilisti e i designer delle BRICS hanno influenzato l'industria della moda e del design, portando tessuti, stili e tendenze uniche sul palcoscenico globale.

Turismo e Intercambi Culturali

12. **Turismo e Esplorazione:**

- Luoghi come la Cina con la sua Grande Muraglia e il Brasile con il suo iconico Cristo Redentore attraggono visitatori da tutto il mondo, promuovendo scambi culturali e comprensione mutua.

In sintesi, le società e le culture delle BRICS, con le loro unicità e diversità, hanno tessuto un'influenza pervasiva e duratura attraverso il tessuto socio-culturale del mondo, modellando e arricchendo continuamente il dialogo e le interazioni globali in molteplici modi. La loro influenza non è confinata a una singola dimensione, ma si ramifica attraverso una moltitudine di settori, definendo e ridefinendo dinamiche e correnti globali in un modo che è sia tangibile che sottile, proiettando le loro voci e valori ben oltre i loro confini nazionali.

L'importanza delle BRICS nel contesto culturale e sociale mondiale può essere ulteriormente sviscerata esplorando vari aspetti chiave che sottolineano la profondità e l'ampiezza delle loro influenze a livello globale.

Lingue e Letterature delle BRICS

L'impact delle lingue e delle letterature delle BRICS non può essere sottovalutato. Ad esempio, la letteratura russa, con opere pioniere di autori come Tolstoj e Dostoevskij, ha offerto al mondo intero un'introspezione nelle complessità della psiche e della società umana. Similmente, la ricca tapezzeria linguistica dell'India, che comprende un numero vastissimo di lingue e dialetti, diventa un catalizzatore per la preservazione e la promozione di una diversità culturale incommensurabile, alimentando così dialoghi e narrazioni a più livelli e creando ponti di comprensione interculturale.

Filosofie e Credenze delle BRICS

Le filosofie e le credenze radicate nelle nazioni BRICS hanno anche generato un enorme impatto su scala mondiale. La filosofia indiana, ad esempio, con le sue innumerevoli correnti di pensiero, ha esplorato la natura dell'esistenza e della realtà in modi che hanno influenzato non solo l'Oriente, ma anche il pensiero occidentale, in termini di spiritualità e metafisica. Analogamente, il confucianesimo cinese ha fornito un quadro etico e morale che ha influenzato la governance e le relazioni sociali in tutta l'Asia Orientale e oltre.

Festività e Tradizioni delle BRICS

Le festività e le tradizioni delle nazioni BRICS offrono un altro strato di influenza culturale. Ad esempio, il Carnevale brasiliano e il Festival delle Lanterne cinese non sono solo celebrazioni culturali all'interno dei rispettivi paesi, ma sono diventati eventi globali che attraggono visitatori internazionali e influenzano le celebrazioni culturali e le espressioni artistiche in tutto il mondo. Essi simbolizzano l'espressione della gioia, dell'unità e della continuazione delle tradizioni attraverso le generazioni, fungendo da collegamenti vitali tra il passato, il presente e il futuro.

BRICS nell'Economia Creativa Globale

La presenza delle BRICS nell'economia creativa globale
è un altro dominio che merita attenzione. L'India, con
la sua potente industria di software e la Cina, con la sua
massiccia industria manifatturiera, hanno influenzato
non solo i mercati globali ma anche le pratiche e le
strategie commerciali a livello mondiale. Questo, a sua
volta, ha modellato le dinamiche delle economie globali
e ha definito nuovi percorsi per la collaborazione e la
competizione internazionale.

Ruolo delle Donne nelle Società BRICS

Il ruolo delle donne nelle società BRICS e il loro
impatto a livello globale è un'altra dimensione
significativa. Da figure come Indira Gandhi in India a
Dilma Rousseff in Brasile, le donne delle nazioni
BRICS hanno assunto ruoli di leadership e hanno
influenzato politiche e discorsi a livello sia nazionale
che internazionale. Le loro esperienze, sfide e trionfi
servono come modelli e ispirazione per le donne e le
ragazze in tutto il mondo, elevando i discorsi sui diritti
delle donne e sulla parità di genere nel contesto
globale.

Musica e Danza delle BRICS

Inoltre, l'influenza delle musiche e delle danze delle
BRICS si estende ben oltre i loro confini nazionali. La
samba brasiliana, la kathak indiana, e il balletto russo

sono solo alcuni esempi di come le forme artistiche delle BRICS abbiano attraversato confini geografici, diventando parte integrante della cultura globale e offrendo al mondo una ricchezza di espressioni artistiche e creative.

La multifacetedness delle società e culture delle BRICS, perciò, non solo arricchisce il loro tessuto socio-culturale interno, ma estende anche le loro mani influenti attraverso il globo, intrecciandosi con e influenzando la mappa culturale e sociale mondiale in modi vari e profondi. In ogni ambito, dalle arti alle filosofie, dalle tradizioni alle innovazioni, le BRICS continuano a giocare un ruolo cruciale nel plasmare e nel dirigere i flussi culturali e sociali globali, costruendo ponti di comprensione, collaborazione e scambio in un mondo sempre più interconnesso e interdipendente.

Cucina e Gastronomia delle BRICS

Un altro ambito nel quale le BRICS manifestano una notevole influenza a livello globale è la cucina. La vastità e la diversità delle tradizioni culinarie di queste nazioni si riflettono in una ricchezza di sapori, tecniche e ingredienti che sono stati ampiamente adottati e adattati in tutto il mondo. Consideriamo, per esempio, la cucina indiana, celebre per l'uso sapiente di spezie e erbe aromatiche, che ha portato alla creazione di piatti noti e amati a livello internazionale come il curry o il biryani. Osservando la cucina brasiliana, il feijoada, un piatto a base di fagioli neri e carne, esemplifica la fusione di influenze culinarie che caratterizza la nazione, esplorando e mescolando sapientemente le radici culturali autoctone, africane e portoghesi.

Cinematografia delle BRICS

Il cinema è un altro mezzo attraverso il quale le BRICS trasmettono la loro cultura e società, esercitando un'influenza significativa su scale globali. L'industria cinematografica di Bollywood in India, ad esempio, non solo genera un impatto culturale sostanziale a livello nazionale, ma ha anche un ampio seguito a livello internazionale, con una fanbase che si estende da Londra a Lagos. Similmente, il cinema cinese ha guadagnato risonanza a livello internazionale, mostrando al mondo non solo la ricca storia e cultura della Cina, ma anche la sua modernizzazione e le sue attuali dinamiche sociali e politiche.

Turismo Culturale

Il turismo culturale è un altro settore in cui le BRICS hanno avuto un grande impatto, con ogni nazione che attrae visitatori da tutto il mondo desiderosi di esplorare le loro ricche offerte storiche e culturali. Città come Rio de Janeiro in Brasile e San Pietroburgo in Russia sono lodiati per il loro inestimabile patrimonio culturale, offrendo ai turisti una visione delle radici storiche e della vibrante modernità di queste nazioni.

Questi luoghi diventano crogioli di scambio culturale e punti di connessione tra i cittadini delle BRICS e il resto del mondo, alimentando la reciproca comprensione e il rispetto tra diverse culture e popoli.

Innovazioni Tecnologiche e Societali

La BRICS sono anche importanti propulsori di innovazioni tecnologiche e societali che influenzano le società a livello globale. Le innovazioni nelle ICT dall'India, per esempio, non solo hanno propulsato la nazione verso un futuro digitale, ma hanno anche offerto soluzioni tecnologiche a paesi in via di sviluppo in tutto il mondo. Le innovazioni della Cina in termini di infrastrutture e tecnologia, come il sistema di pagamento digitale Alipay, hanno influenzato il modo in cui le società gestiscono le transazioni finanziarie e le interazioni economiche, suggerendo nuovi modelli e prassi che potrebbero essere adottati e adattati in diversi contesti globali.

Educazione e Ricerca

L'educazione e la ricerca nelle nazioni BRICS giocano anche un ruolo cruciale nel plasmare il futuro globale. Le istituzioni educative in questi paesi non solo formano le future generazioni di leader, pensatori e innovatori, ma anche sviluppano ricerca e innovazioni che hanno il potenziale di affrontare sfide globali in settori come la medicina, la tecnologia e le scienze ambientali.

Movimenti Sociali

Infine, i movimenti sociali all'interno delle nazioni BRICS hanno spesso un risonante eco globale, fornendo spunti e ispirazione per discussioni e azioni a livello internazionale. Siano essi legati a questioni di genere, ambiente, o diritti umani, tali movimenti riflettono le dinamiche, le sfide e le aspirazioni delle società BRICS, proponendosi come specchi attraverso i quali queste nazioni si presentano e sono percepite a livello mondiale.

Attraverso queste numerose sfaccettature, le culture e le società delle BRICS si intrecciano e interagiscono con il panorama mondiale, contribuendo a plasmare non solo il proprio futuro, ma anche quello dell'intera comunità globale.

In sintesi, la cultura e la società delle nazioni BRICS tessono una complessa e variegata trama di influenze e interazioni che permeano il palcoscenico globale in molteplici modi.

Patrimonio Culturale Globale

Ogni paese membro delle BRICS contribuisce in modo univoco al patrimonio culturale globale attraverso l'arte, la musica, la letteratura, e le tradizioni che sono storicamente radicate e allo stesso tempo in costante evoluzione. Questo patrimonio culturale non solo arricchisce la trama della storia e dell'identità nazionale di ciascun paese, ma si intreccia anche con le culture globali, creando nuovi punti di interconnessione e di dialogo interculturale.

Sinergie e Frizioni Culturali

La pluralità di espressioni culturali e sociali tra le nazioni BRICS genera sia sinergie che frizioni. Le sinergie emergono attraverso la condivisione e l'adattamento reciproco di idee e pratiche culturali, mentre le frizioni possono sorgere a causa delle divergenze ideologiche, delle asimmetrie nel soft power e delle disparate priorità in ambito di politiche culturali e sociali.

Amplificatori di Cambiamento Sociale

Le società delle BRICS agiscono anche come amplificatori di cambiamento sociale, proponendo nuove narrazioni e paradigmi che sfidano lo status quo sia a livello nazionale che internazionale. Questo avviene attraverso movimenti sociali, iniziative di attivismo culturale e politico, e attraverso la creazione e la diffusione di contenuti mediali e artistici che veicolano messaggi potenti e spesso trasformativi.

Integrazione e Divergenza

Le BRICS, con le loro distinte culture e società, si trovano in un crocevia di integrazione e divergenza. Da un lato, la cooperazione multilaterale in vari settori promuove l'integrazione e la condivisione di obiettivi comuni. D'altro canto, le divergenze emergono chiaramente nelle diverse traiettorie di sviluppo sociale e culturale, nei diversi approcci alla governance e nella risoluzione dei conflitti, e nelle varie percezioni e risposte alle sfide globali.

Leadership Culturale

Le nazioni BRICS stanno cercando di affermare una leadership culturale, proiettando i loro valori, narrazioni e pratiche culturali oltre i propri confini. Questa leadership si manifesta attraverso vari canali, come le produzioni cinematografiche, gli eventi culturali internazionali, e la promozione delle lingue native sul palcoscenico globale.

Proiezione verso il Futuro

Infine, la proiezione delle BRICS verso il futuro è innestata nei loro sforzi collettivi e individuali per forgiare percorsi sostenibili e inclusivi di sviluppo sociale e culturale. Questo si articola attraverso la promozione di innovazioni, l'adozione di tecnologie emergenti, e l'impegno verso una maggiore equità e inclusione all'interno delle proprie società e a livello internazionale.

In ultima analisi, mentre le BRICS continuano a esplorare nuove frontiere di cooperazione e ad navigare attraverso le sfide intrinseche delle loro diverse identità culturali e sociali, la comprensione reciproca e il rispetto dei valori condivisi saranno fondamentali per forgiare un futuro comune e costruttivo sia all'interno del blocco che nel più ampio contesto globale. L'analisi della cultura e della società all'interno delle BRICS fornisce una finestra attraverso cui esplorare le dinamiche e le potenzialità di questo influente gruppo di nazioni nell'arena mondiale.

14. Istituzioni Finanziarie • Ruolo delle istituzioni finanziarie delle BRICS, come la Banca dei BRICS.

Il ruolo delle istituzioni finanziarie nelle nazioni BRICS, come la Banca dei BRICS, è fondamentale nel plasmare il paesaggio economico e finanziario non solo all'interno del blocco ma anche a livello globale.

Banca dei BRICS: Un Pilastro di Sviluppo Economico

La Banca dei BRICS, ufficialmente nota come Nuova Banca di Sviluppo (NBD), è stata istituita nel 2014 come una diretta risposta alla necessità di un nuovo meccanismo finanziario che potesse supportare i progetti di infrastruttura e sviluppo sostenibile nelle economie emergenti e nei paesi in via di sviluppo. La NBD svolge un ruolo chiave nel:

- **Finanziamento di Progetti Infrastrutturali**: Offre finanziamenti e sostegni per progetti infrastrutturali e di sviluppo sostenibile all'interno dei paesi BRICS.

- **Cooperazione Finanziaria**: Funge da piattaforma per la cooperazione finanziaria tra i membri, facilitando il commercio e l'investimento attraverso la creazione di meccanismi finanziari condivisi e solidali.

- **Complemento e Alternativa**: Agisce come complemento e alternativa alle istituzioni finanziarie esistenti, rispondendo in modo più specifico alle esigenze e alle dinamiche dei paesi BRICS e di altre economie emergenti.

Il Ruolo Multidimensionale delle Istituzioni Finanziarie BRICS

1. Innesco di Crescita Economica

Le istituzioni finanziarie dei BRICS giocano un ruolo strategico nell'innesco della crescita economica, finanziando progetti e iniziative che possono migliorare le infrastrutture e creare opportunità di investimento.

2. Riduzione della Povertà e Sviluppo Sostenibile

Sono essenziali nel guidare gli sforzi verso la riduzione della povertà e lo sviluppo sostenibile, fornendo risorse e supporto tecnico per progetti e politiche che promuovono l'inclusione sociale ed economica.

3. Stabilizzazione Economica

Fungono da stabilizzatori economici, contribuendo a mitigare le vulnerabilità economiche attraverso la fornitura di fondi e l'implementazione di politiche finanziarie coordinate durante i periodi di crisi.

4. Commercio e Investimenti

Agiscono come facilitatori del commercio e degli investimenti, creando piattaforme e meccanismi che rendono più agevole e conveniente per gli stati membri collaborare e investire reciprocamente.

Prospettive e Sfide Future

- **Equità e Trasparenza**: Assicurare che le risorse e i benefici derivanti dalle istituzioni finanziarie siano distribuiti in modo equo e trasparente tra tutti i membri.

- **Governance e Responsabilità**: Implementare meccanismi di governance forti e trasparenti che garantiscano la responsabilità e l'efficacia delle istituzioni finanziarie.

- **Adattabilità e Resilienza**: Evolvere e adattarsi alle mutevoli dinamiche economiche globali, assicurando che le istituzioni finanziarie siano resilienti di fronte alle sfide future.

- **Collaborazione Globale**: Promuovere una collaborazione più stretta con altre istituzioni finanziarie internazionali e regionali.

In sintesi, le istituzioni finanziarie delle BRICS, come la Banca dei BRICS, rappresentano un pilastro fondamentale per il sostegno e la promozione di uno sviluppo economico sostenibile e integrato tra i paesi membri e oltre. La loro abilità di navigare attraverso le sfide e di capitalizzare sulle opportunità determinerà in gran parte il futuro della cooperazione economica e finanziaria all'interno del blocco BRICS e nel più ampio sistema finanziario globale.

Proseguendo con la discussione sull'importanza delle istituzioni finanziarie all'interno del blocco BRICS, diventa evidente come l'intreccio di elementi economici, sociali e politici sia centrale nell'analizzare la capacità di queste istituzioni di influenzare la geopolitica e l'economia mondiale.

Integrazione Finanziaria

L'integrazione finanziaria tra i paesi BRICS è cruciale per la solidità e la resilienza dell'intero blocco. Questa integrazione non si limita unicamente all'ambito del finanziamento di progetti infrastrutturali, ma si estende anche nella creazione di un sistema finanziario robusto e interconnesso che può dare risposta alle specifiche esigenze dei paesi membri. Inoltre, l'instaurazione di un sistema di pagamento BRICS, che faciliti le transazioni commerciali all'interno del blocco, rappresenta un altro aspetto fondamentale per il potenziamento dell'integrazione finanziaria e economica tra i paesi membri.

Sviluppo del Settore Privato

Le istituzioni finanziarie delle BRICS giocano anche un ruolo essenziale nello sviluppo del settore privato nei paesi membri, offrendo finanziamenti e supporto a piccole e medie imprese (PMI) e avviando progetti che possono spingere l'innovazione e l'imprenditorialità. In questo contesto, le PMI e le start-up emergenti possono accedere a capitali e risorse che altrimenti sarebbero difficili da ottenere, stimolando così l'innovazione, la creazione di posti di lavoro e la crescita economica.

Interazione con le Economie Globali

È inoltre rilevante considerare l'interazione delle istituzioni finanziarie BRICS con le economie globali e come queste influenzino e siano influenzate dalle dinamiche economiche e finanziarie internazionali. La capacità delle istituzioni finanziarie delle BRICS di navigare attraverso gli alti e bassi dell'economia mondiale, garantendo allo stesso tempo la stabilità e la crescita dei paesi membri, è un elemento chiave nella costruzione di un sistema finanziario globale più equilibrato e sostenibile.

Sfide nella Realizzazione di Progetti

Le sfide nella realizzazione di progetti a livello locale e regionale sono anch'esse un'area chiave da esaminare. Nonostante la disponibilità di fondi e risorse, ci sono spesso ostacoli burocratici, tecnici e sociali che impediscono l'attuazione efficace di progetti infrastrutturali e di sviluppo. In questo senso, le istituzioni finanziarie BRICS non solo devono assicurare la disponibilità di capitali ma anche facilitare la concretizzazione di progetti, attraverso l'offerta di expertise tecnica, la gestione delle questioni socio-ambientali e il superamento degli ostacoli burocratici.

Implicazioni Ambientali e Sociali

Le implicazioni ambientali e sociali dei progetti finanziati dalle istituzioni finanziarie BRICS sono un altro punto da considerare con attenzione. Il finanziamento di grandi progetti infrastrutturali può avere impatti significativi sull'ambiente e sulle comunità locali. Quindi, diventa imperativo che le istituzioni finanziarie adottino un approccio responsabile e sostenibile verso l'investimento, assicurando che i progetti siano sia economicamente vantaggiosi che ambientalmente e socialmente sostenibili.

Dinamiche di Potere Interno

Analizzare le dinamiche di potere interno alle istituzioni finanziarie BRICS e come queste influenzano le decisioni e le politiche dell'istituzione è anche un elemento critico. La distribuzione del potere decisionale, le tensioni e le alleanze tra i paesi membri, e come queste dinamiche siano riflesse nelle operazioni e nelle iniziative delle istituzioni finanziarie, offrono spunti interessanti sulla funzionalità e sull'efficacia di tali istituzioni nel lungo termine.

In conclusione, sebbene queste siano solo alcune delle molteplici sfaccettature che caratterizzano il ruolo delle istituzioni finanziarie BRICS, è chiaro che la loro influenza va ben oltre il semplice finanziamento di progetti. Sono artefici di sviluppo, mediatori di cooperazione internazionale e attori influenti nella scena economica mondiale, con tutte le complessità e le sfide che ciò comporta.

Sottolineando ulteriormente l'importanza delle istituzioni finanziarie all'interno del blocco BRICS, è possibile esplorare vari aspetti e dinamiche cruciali che influenzano e sono influenzate da queste entità.

Cooperazione e Competizione Internazionale

Esaminando il panorama internazionale, le istituzioni finanziarie delle BRICS giocano un ruolo duale di cooperazione e competizione. Da un lato, esse cercano di sviluppare sinergie con le istituzioni finanziarie esistenti a livello mondiale, come il Fondo Monetario Internazionale e la Banca Mondiale, cercando di navigare e, talvolta, sfidare le dinamiche di potere prevalenti. D'altro canto, esse rappresentano una sorta di antagonismo nei confronti del sistema finanziario globale dominante, offrendo un'alternativa o un controbilanciamento alle istituzioni finanziarie occidentali e ai loro modelli di finanziamento e sviluppo.

Diversificazione dei Portafogli di Investimento

Un'altra sfera di interesse potrebbe essere la gestione e la diversificazione dei portafogli di investimento delle istituzioni finanziarie BRICS. Come vengono selezionati i progetti per ricevere finanziamenti? Quali sono le politiche e le pratiche adottate per mitigare i rischi e garantire un ritorno sull'investimento? La gestione del rischio, l'analisi della fattibilità dei progetti e la creazione di una strategia di investimento sostenibile sono essenziali per assicurare che i finanziamenti siano distribuiti in modo efficace e generino un impatto positivo sullo sviluppo economico dei paesi membri e oltre.

Focalizzazione su Settori Specifici

Un'indagine sui settori specifici che vengono privilegiati dalle istituzioni finanziarie BRICS potrebbe offrire spunti su dove il blocco vede le maggiori opportunità e sfide. Ad esempio, l'attenzione può essere posta sull'energia rinnovabile, sulla costruzione di infrastrutture, sull'agricoltura sostenibile, o sulla digitalizzazione, ognuno dei quali porta con sé specifici insiemi di benefici, sfide e dinamiche di implementazione.

Impatti Sociali dei Progetti Finanziati

L'analisi degli impatti sociali dei progetti finanziati dalle istituzioni finanziarie BRICS rappresenta un'area che va scrutata con attenzione. Questo include l'analisi dell'impatto dei progetti sul benessere socio-economico delle comunità locali, sulla creazione di posti di lavoro, sulla riduzione della povertà e sulla parità di genere. Inoltre, sarebbe interessante esplorare come queste istituzioni affrontano le questioni di inclusione e di giustizia sociale nei loro progetti di investimento e politiche finanziarie.

Normative e Conformità

La conformità normativa e le sfide legali rappresentano un altro aspetto fondamentale delle operazioni delle istituzioni finanziarie BRICS. Ciò implica non solo il rispetto delle leggi e delle regolamentazioni locali nei paesi in cui operano ma anche l'aderenza alle norme internazionali in materia di trasparenza, anti-corruzione, e norme ambientali. Esplorare le strategie e le misure adottate per assicurare che i progetti finanziati siano conformi alle leggi e ai regolamenti pertinenti è vitale per comprendere le sfide e le opportunità che le istituzioni finanziarie BRICS incontrano nell'ambito del finanziamento di progetti globali.

Inclusione Finanziaria

L'inclusione finanziaria è un'altra dimensione che potrebbe essere esplorata ulteriormente. Come contribuiscono le istituzioni finanziarie BRICS a promuovere l'inclusione finanziaria nei paesi membri e nei paesi beneficiari dei finanziamenti? L'adozione di tecnologie finanziarie (FinTech) e iniziative per estendere i servizi finanziari a comunità non bancarizzate o sottobancarizzate sono alcuni dei meccanismi attraverso i quali queste istituzioni possono favorire una maggiore inclusione e uguaglianza finanziaria.

Conclusioni Parziali e Prospettive Future

Sebbene sia possibile ampliare ulteriormente ogni singolo aspetto, è essenziale riconoscere che le istituzioni finanziarie BRICS operano in un ambiente globale complesso e in continua evoluzione. Mentre lavorano per finanziare progetti che alimentano la crescita e lo sviluppo nei paesi membri e nei paesi partner, queste istituzioni devono bilanciare obiettivi di sviluppo, sostenibilità, e rendimento degli investimenti, tutto mentre navigano attraverso la complessità della geopolitica globale e delle dinamiche economiche.

La capacità delle istituzioni finanziarie BRICS di adattarsi, innovare e sviluppare meccanismi efficaci per gestire i rischi e capitalizzare sulle opportunità sarà fondamentale per il loro successo e impatto nel futuro del finanziamento dello sviluppo globale. Con il passare del tempo, il ruolo, l'influenza, e l'impatto di queste istituzioni saranno plasmate dalle decisioni strategiche prese oggi, e dalla loro capacità di rispondere in modo agile e innovativo alle sfide emergenti.

Integrazione e Stabilità Finanziaria

Le istituzioni finanziarie BRICS giocano un ruolo essenziale nell'integrare i mercati finanziari e garantire la stabilità nel blocco. Nella creazione di una piattaforma che mira a facilitare gli scambi e gli investimenti diretti tra i paesi membri, queste istituzioni cercano di stabilizzare e potenziare le economie nazionali in un contesto globale. L'integrazione e la stabilità finanziaria aiutano i paesi membri a proteggersi contro le vulnerabilità esterne, offrendo una maggiore resilienza di fronte alle fluttuazioni dei mercati globali e alle crisi economiche.

Partenariati e Coinvolgimento del Settore Privato

Il coinvolgimento del settore privato attraverso partenariati con istituzioni finanziarie BRICS è fondamentale per mobilitare capitali aggiuntivi e competenze tecniche. Le istituzioni finanziarie BRICS, come la Banca dei BRICS, spesso cercano di attirare investitori privati e stabilire partenariati con il settore privato per amplificare l'impatto dei loro progetti e programmi. Analizzare in dettaglio come queste istituzioni collaborano con il settore privato e coinvolgono investitori e aziende può offrire intuizioni sull'efficacia e la sostenibilità dei progetti finanziati.

Sviluppo delle Piccole e Medie Imprese (PMI)

Le PMI svolgono un ruolo cruciale nelle economie dei BRICS, contribuendo significativamente alla crescita economica, alla creazione di posti di lavoro e allo sviluppo sostenibile. Le istituzioni finanziarie BRICS, pertanto, potrebbero sviluppare strategie per sostenere le PMI, offrendo finanziamenti, formazione e assistenza tecnica. Come vengono strutturati questi programmi? In che modo contribuiscono al miglioramento dell'ecosistema imprenditoriale nei paesi membri?

Trasparenza e Accountability

La questione della trasparenza e dell'accountability nelle istituzioni finanziarie BRICS è un altro aspetto meritevole di approfondimento. Questo comprende non solo l'operatività interna delle istituzioni ma anche il processo decisionale, l'allocazione dei fondi e la gestione dei progetti. Esaminare le misure e le pratiche adottate dalle istituzioni finanziarie BRICS per assicurare la trasparenza e l'accountability verso i paesi membri e i beneficiari dei progetti è fondamentale per valutare il loro impatto e la loro efficacia.

Sviluppo Sostenibile e Finanza Verde

Inoltre, un'analisi dell'impegno delle istituzioni finanziarie BRICS nello sviluppo sostenibile e nella finanza verde è di vitale importanza. Quali sono gli strumenti finanziari verdi che queste istituzioni stanno esplorando o hanno implementato? Come vengono valutati e monitorati i progetti dal punto di vista della sostenibilità ambientale? L'approfondimento delle strategie e degli approcci alla finanza verde e allo sviluppo sostenibile potrebbe fornire spunti su come le BRICS stanno affrontando le questioni legate al cambiamento climatico e alla sostenibilità attraverso le loro istituzioni finanziarie.

Governance e Struttura Organizzativa

La governance e la struttura organizzativa delle istituzioni finanziarie BRICS meritano anche un esame approfondito. Come sono formulate le politiche? Chi prende le decisioni e attraverso quali meccanismi? In che modo la struttura della governance influisce sulla definizione delle priorità e sulla realizzazione dei progetti? Analizzare la struttura e i meccanismi decisionali può aiutare a comprendere meglio come queste istituzioni operano e come potrebbero evolversi in futuro.

Conclusione Aperta

Continuare a esplorare e approfondire questi e altri aspetti delle istituzioni finanziarie BRICS porta a un percorso di scoperta che si intreccia con tematiche sempre più ampie e intricate, in cui la finanza, lo sviluppo, la politica e la sostenibilità si fondono in una rete globale di interconnessioni e interdipendenze, con implicazioni che vanno ben oltre i confini dei paesi membri e che affondano le loro radici in un sistema internazionale in continuo mutamento e rinegoziazione.

Inquadramento delle Istituzioni Finanziarie delle BRICS

Le istituzioni finanziarie delle BRICS, in particolare la Banca dei BRICS, hanno assunto un ruolo chiave nel sostenere e stimolare lo sviluppo economico, non solo nei paesi membri ma anche in altri mercati emergenti. La creazione di una piattaforma finanziaria solida e resiliente permette ai paesi BRICS di perseguire obiettivi di sviluppo più ampi, di affrontare collettivamente sfide economiche e di forgiare un ruolo influente nel sistema economico globale.

Sviluppo Economico e Finanziamento dei Progetti

Le istituzioni finanziarie, attraverso lo sviluppo e il finanziamento di vari progetti nei settori chiave come infrastrutture, energia, e sviluppo sostenibile, diventano pilastri del progresso economico e della stabilità. Questi progetti, oltre a fornire stimoli diretti alle economie locali, facilitano il commercio e gli investimenti intra-BRICS, rafforzando le reti economiche e le partnership tra i paesi membri.

Coinvolgimento delle Comunità Locali

Il coinvolgimento e l'impatto delle istituzioni finanziarie BRICS nelle comunità locali è un aspetto essenziale. I progetti finanziati e sviluppati dovrebbero non solo rispettare i diritti e le esigenze delle comunità locali, ma anche contribuire al loro benessere e sviluppo. Come queste istituzioni coinvolgono le comunità locali, adottano pratiche sostenibili e valutano l'impatto sociale ed ambientale dei progetti, è fondamentale per comprendere la loro responsabilità e l'efficacia nel promuovere uno sviluppo genuino e inclusivo.

Innovazione e Tecnologia Finanziaria

L'innovazione e l'adozione di nuove tecnologie finanziarie rappresentano un altro punto cardine. Le istituzioni finanziarie delle BRICS stanno esplorando e adottando tecnologie emergenti, come la blockchain e le criptovalute, per migliorare l'efficienza, ridurre i costi e aumentare la trasparenza delle transazioni e delle operazioni finanziarie. La posizione delle BRICS nel campo della fintech e le implicazioni future di tali innovazioni nella finanza globale e nelle pratiche di sviluppo meritano un'analisi dettagliata.

Dialogo e Cooperazione Internazionale

Inoltre, le istituzioni finanziarie delle BRICS operano non solo in un ambito intra-blocco, ma anche in un contesto internazionale più ampio. La loro capacità di dialogare e cooperare con altre istituzioni finanziarie internazionali, come il Fondo Monetario Internazionale e la Banca Mondiale, e la posizione che assumono nei forum economici globali, contribuiscono a definire il ruolo e l'influenza delle BRICS nel panorama economico mondiale.

Conclusioni e Prospettive Future

Le istituzioni finanziarie BRICS, combattendo i tradizionali meccanismi finanziari e proponendosi come alternativa e/o complemento alle istituzioni finanziarie occidentali, stanno gradualmente modellando un nuovo panorama economico e finanziario. L'equilibrio tra il perseguire obiettivi di sviluppo interni, mantenere stabilità e crescita economica e al contempo navigare attraverso le acque complesse della geopolitica e delle alleanze internazionali, definisce un percorso intricato e sfaccettato.

L'esplorazione della traiettoria futura delle BRICS, le dinamiche all'interno del blocco, la loro abilità nel bilanciare crescita e sostenibilità, e le strategie per affrontare le sfide emergenti, come la crisi climatica e le tensioni geopolitiche, rimangono di cruciale importanza per comprendere la futura architettura economica e finanziaria globale.

Emerge quindi un paesaggio di opportunità e sfide, in cui le BRICS, attraverso le loro istituzioni finanziarie, continueranno a navigare, modellando e venendo modellate dal contesto globale in cui operano. La loro traiettoria, se sarà in grado di equilibrare interessi nazionali e collettivi, e di promuovere uno sviluppo che sia sostenibile e inclusivo, determinerà in modo significativo il futuro ordine economico e finanziario mondiale.

15. Commercio Internazionale • Analisi del ruolo delle BRICS nel commercio internazionale.

L'Evoluzione del Commercio Internazionale attraverso le BRICS

Il blocco delle BRICS (Brasile, Russia, India, Cina e Sud Africa) ha assunto un ruolo sempre più determinante nel panorama del commercio internazionale, contribuendo a ridefinire le dinamiche globali e a formare nuovi corridoi commerciali e alleanze economiche. La loro posizione nell'economia mondiale, gli scambi commerciali intra-blocco, e le strategie di commercio estero, sono tutti elementi fondamentali per comprendere come le BRICS stiano modellando e venendo modellate dalle dinamiche del commercio internazionale.

L'Impatto Economico e la Rilevanza Globale

Le nazioni BRICS, pur essendo eterogenee per dimensioni economiche, risorse naturali, e struttura socio-economica, condividono l'obiettivo comune di incrementare la propria influenza nell'ambito del commercio mondiale. La crescente rilevanza di questi paesi nelle esportazioni globali, il loro crescente peso nell'economia mondiale, e il loro ruolo nel modello di produzione e distribuzione delle merci a livello globale, segnano un'influenza determinante nelle catene globali del valore.

Dinamiche Commerciali Intra-BRICS

Nell'ambito delle BRICS, i paesi membri hanno cercato di intensificare gli scambi commerciali reciproci, cercando di ridurre la dipendenza dalle economie avanzate e di diversificare le proprie economie. Questa strategia ha portato ad una maggiore integrazione economica tra i paesi del blocco, attraverso accordi bilaterali e multilaterali, facilitazioni commerciali, e l'istituzione di piattaforme comuni per il dialogo e la cooperazione economica.

Strategie di Integrazione Globale

Le BRICS, cercando di consolidare la propria posizione nel commercio mondiale, hanno anche esplorato strategie di integrazione e cooperazione con altre economie emergenti e sviluppate. La formazione di alleanze regionali, come la Belt and Road Initiative (BRI) della Cina, e la partecipazione a forum economici multilaterali, sono espressione della volontà di queste nazioni di costruire reti commerciali estese e resilienti.

Sfide e Opportunità

Ciononostante, le BRICS affrontano diverse sfide nel perseguire una crescita commerciale sostenibile e nell'equilibrare le proprie ambizioni economiche con le necessità di sviluppo interno e la sostenibilità ambientale. Le tensioni commerciali, le divergenze in termini di politiche economiche, e le differenze strutturali tra le economie dei paesi membri rappresentano ostacoli significativi che necessitano di soluzioni condivise e dialogo continuo.

La Dimensione della Sostenibilità nel Commercio

La sostenibilità nel commercio, cioè l'abilità delle BRICS di promuovere un commercio che sia non solo economicamente vantaggioso ma anche socialmente ed ecologicamente responsabile, emerge come tema centrale. L'impatto ambientale del commercio, le pratiche lavorative, e il trasferimento tecnologico, sono tutti fattori che influenzano e sono influenzati dalle dinamiche commerciali delle BRICS e che necessitano di un'analisi profonda per comprendere e guidare le future traiettorie del blocco.

Verso il Futuro del Commercio Globale

In sintesi, le BRICS, con la loro crescente influenza economica e commerciale, stanno modellando un nuovo ordine nel commercio internazionale, proponendo nuove dinamiche, creando nuove alleanze, e, in qualche modo, ridisegnando le mappe delle rotte commerciali globali. La loro capacità di navigare attraverso le sfide interne ed esterne, di promuovere un commercio sostenibile e inclusivo, e di equilibrare le proprie ambizioni economiche con le necessità globali, determinerà il futuro del loro ruolo nel commercio internazionale e l'impronta del loro impatto sull'economia mondiale.

In questo contesto, la futura analisi delle BRICS nel commercio internazionale, attraverso l'esplorazione delle loro politiche commerciali, delle strategie di integrazione globale, e della gestione delle sfide e delle opportunità emergenti, fornirà spunti cruciali per comprendere le evoluzioni future del commercio mondiale e del sistema economico internazionale.

Nel proseguo dell'analisi sul ruolo delle BRICS nel commercio internazionale, è cruciale sottolineare alcuni aspetti che emergono dalla complessità delle relazioni commerciali e delle politiche economiche intraprese da questi paesi, in un panorama globale che continua a evolversi.

Influenza delle BRICS nelle Organizzazioni Internazionali

Le BRICS non sono solo attive nel definire nuovi percorsi commerciali, ma svolgono anche un ruolo crescente nelle istituzioni e organizzazioni internazionali del commercio, come l'Organizzazione Mondiale del Commercio (OMC). La loro posizione, spesso unitaria in queste sedi, consente loro di influenzare le norme e gli accordi commerciali internazionali, cercando di modellarli in modo che riflettano meglio gli interessi e le esigenze delle economie emergenti.

Tecnologia e Commercio Digitale

Inoltre, la crescente digitalizzazione del commercio mondiale rappresenta sia un'opportunità che una sfida per i paesi BRICS. Da un lato, l'e-commerce e le piattaforme digitali offrono nuovi canali e mercati per beni e servizi, contribuendo a superare barriere fisiche e logistiche. Dall'altro lato, la digitalizzazione comporta la necessità di adeguare infrastrutture tecnologiche, normative di cybersicurezza e competenze digitali.

Politiche di Investimento

Le strategie d'investimento estero diretto (FDI) delle BRICS, sia in termini di investimenti ricevuti che effettuati, sono un altro pilastro della loro attività commerciale. La creazione di politiche che attraggano investimenti stranieri e, al contempo, l'identificazione di opportunità d'investimento all'estero sono essenziali per mantenere e incrementare la crescita economica e stabilire relazioni commerciali solide e reciproche.

Relazioni con i Paesi in Via di Sviluppo

Importante è anche il ruolo delle BRICS nel Sud globale. Molti paesi in via di sviluppo vedono le BRICS come partner preferenziali, in quanto possono offrire modelli di crescita alternativi a quelli proposti dalle economie avanzate, e talvolta meno condizionati politicamente. Questo ha permesso alle BRICS di costruire reti di influenze e partnership in Asia, Africa e America Latina, che ulteriormente rafforzano il loro peso nel commercio globale.

Contraddizioni e Criticità

Nonostante l'impatto significativo delle BRICS, esistono numerose contraddizioni e criticità. Le disuguaglianze all'interno dei paesi BRICS sono spesso accentuate, e le strategie di crescita basate sull'esportazione possono a volte entrare in conflitto con la necessità di sviluppare mercati interni robusti e inclusivi. La sfida sta, dunque, anche nel bilanciare politiche orientate all'export con strategie che assicurino una distribuzione equa dei benefici della crescita a livello nazionale.

Questioni Ambientali e Sostenibilità

La questione ambientale è un altro aspetto fondamentale da considerare. L'intensificazione degli scambi commerciali può avere un impatto significativo sull'ambiente, sia in termini di emissioni generate dai trasporti che di sfruttamento delle risorse naturali. Le BRICS, quindi, sono chiamate a riflettere su come conciliare le esigenze di crescita e sviluppo con la necessità di proteggere l'ambiente e promuovere uno sviluppo sostenibile.

La Pandemia e le Nuove Dinamiche

Infine, l'impatto della pandemia da COVID-19 ha riscritto molte delle regole del commercio internazionale, imponendo una riflessione sulle vulnerabilità e resilienze delle catene di approvvigionamento globali. Per le BRICS, che hanno gestito la crisi con approcci diversi e che sono state colpite in maniere differenti, il post-pandemia sarà un periodo chiave per riconsiderare e potenzialmente riformulare le proprie strategie commerciali e di sviluppo.

Tutti questi aspetti delineano un panorama complesso e multidimensionale, nel quale le BRICS navigano cercando di consolidare il proprio ruolo, confrontandosi con dinamiche globali in rapida evoluzione e con sfide interne che richiedono attenzione e bilanciamento strategico.

Continuando a esplorare l'ampio scenario delle BRICS nel contesto del commercio internazionale, è essenziale considerare anche vari altri aspetti che mettono in luce le sfumature e la complessità delle loro interazioni nel sistema mondiale.

Bilaterismo e Multilaterismo

Le BRICS, pur agendo come un blocco in alcune circostanze, perseguono anche aggressivamente gli interessi nazionali attraverso accordi bilaterali sia all'interno del gruppo che con altri paesi e regioni. La tensione tra bilaterismo e multilaterismo è sempre presente: mentre il multilaterismo potrebbe offrire soluzioni più eque e sostenibili a livello globale, gli accordi bilaterali spesso permettono ai paesi di perseguire più direttamente i propri interessi nazionali.

Politiche Tariffarie e Non Tariffarie

Le BRICS utilizzano una varietà di strumenti tariffari e non tariffari per proteggere le proprie industrie e mercati interni, e per promuovere o inibire determinati flussi commerciali. L'uso di tali strumenti può riflettere sia obiettivi economici che politici e, in alcuni casi, può anche essere utilizzato come strumento di pressione geopolitica.

Norme sui Diritti dei Lavoratori

Un altro elemento essenziale riguarda la questione dei diritti dei lavoratori nei paesi BRICS. Data la diversità delle situazioni economiche e sociali in ciascun paese, le normative e le condizioni lavorative variano notevolmente, influenzando la concorrenza e le dinamiche di produzione e scambio all'interno del gruppo e al di fuori.

Soft Power e Image Building

Le BRICS anche utilizzano il commercio come mezzo per costruire il proprio "soft power" e influenzare altri paesi attraverso la cooperazione economica e lo sviluppo di mercati comuni. Creando network economici e iniziative congiunte, esse cercano di rafforzare la propria influenza e di modellare le percezioni globali nei loro confronti.

Integrazione dei Mercati Finanziari

L'integrazione dei mercati finanziari e le politiche valutarie tra i paesi BRICS sono anch'esse di fondamentale importanza. L'uso delle proprie valute per gli scambi all'interno del gruppo e l'interconnessione delle proprie borse e istituzioni finanziarie rappresentano sia opportunità di stabilizzazione che potenziali vettori di contagio in caso di crisi finanziarie.

Infrastrutture e Logistica

Le infrastrutture e la logistica giocano un ruolo vitale nel facilitare o ostacolare il commercio internazionale. Progetti infrastrutturali, come la "Via della Seta" promossa dalla Cina, non solo creano nuove vie di commercio ma sono anche strumenti di influenza geopolitica, collegando economicamente e fisicamente diverse regioni del mondo.

Commercio e Diritti Umani

Il rapporto tra commercio e diritti umani è un altro
tema spinoso e spesso portato alla ribalta in termini di
relazioni esterne delle BRICS. La questione di come
bilanciare gli interessi commerciali e economici con il
rispetto dei diritti umani e la promozione di standard
globali è un dilemma persistente e fonte di tensione sia
internamente che nelle relazioni internazionali.

Brevetti e Proprietà Intellettuale

Infine, le questioni legate ai brevetti e alla proprietà
intellettuale, soprattutto nell'era della tecnologia e
della biotecnologia, rappresentano un terreno fertile
per potenziali conflitti e collaborazioni. Come le BRICS
gestiscono le proprie politiche di proprietà intellettuale
non solo influenza le dinamiche all'interno del gruppo,
ma ha anche implicazioni più ampie per l'innovazione,
l'accesso a tecnologie e farmaci, e i rapporti con altri
paesi e aziende multinazionali.

Questi ulteriori aspetti offrono un quadro ancora più
dettagliato e complesso delle dinamiche che animano
le BRICS nel contesto del commercio internazionale,
delineando un panorama di relazioni intrecciate,
obiettivi talvolta contrastanti e una navigazione
continua tra cooperazione e competizione.

In conclusione, l'analisi del ruolo delle BRICS nel commercio internazionale rivela una realtà straordinariamente complessa e dinamica. Questi paesi, nonostante le loro differenze e sfide interne, hanno dimostrato un notevole impatto sulla scena globale, ridefinendo le dinamiche commerciali e contribuendo a modellare un nuovo ordine mondiale.

Le BRICS sono cresciute in importanza nell'economia mondiale, diventando tra i principali attori nel commercio internazionale. La loro influenza è stata evidente in vari settori, dall'energia e delle materie prime all'alta tecnologia e all'industria manifatturiera. Le strategie di commercio estero, la diversificazione delle economie e la creazione di reti commerciali globali sono diventate caratteristiche distintive del loro approccio al commercio internazionale.

L'integrazione economica all'interno del gruppo ha promosso scambi commerciali reciproci e ha creato opportunità di crescita condivise. Allo stesso tempo, le BRICS cercano attivamente di rafforzare i legami commerciali con altre economie emergenti e sviluppate, costruendo alleanze e partenariati che ampliano il loro raggio d'azione e la loro influenza.

Tuttavia, le BRICS affrontano numerose sfide, come disuguaglianze interne, questioni ambientali, divergenze nelle politiche economiche e difficoltà nella gestione di relazioni complesse con altri attori globali.

Il bilancio tra la promozione di un commercio equo e sostenibile e la realizzazione di obiettivi economici nazionali rimane un costante dilemma.

Il post-pandemia rappresenterà un periodo cruciale per le BRICS nel ridefinire le proprie strategie commerciali e di sviluppo alla luce delle nuove dinamiche globali. Sarà essenziale considerare come affrontare le sfide emergenti, tra cui il cambiamento climatico, la digitalizzazione del commercio e la necessità di promuovere una crescita inclusiva e sostenibile.

In definitiva, le BRICS rimarranno un attore chiave nel commercio internazionale e continueranno a plasmare il nuovo ordine mondiale. La loro capacità di adattarsi alle sfide in evoluzione e di contribuire a una crescita economica condivisa e sostenibile determinerà il loro successo futuro e il loro impatto duraturo sulla scena globale.

16. Globalizzazione vs Nazionalismo • Discussione su come le BRICS bilanciano la globalizzazione e il nazionalismo.

La discussione su come le BRICS bilanciano la globalizzazione e il nazionalismo è di fondamentale importanza, poiché riflette una delle sfide più rilevanti dell'attuale scenario geopolitico. Questi paesi emergenti navigano tra il desiderio di partecipare attivamente alla globalizzazione economica e la necessità di preservare la sovranità nazionale e l'identità culturale. Ecco alcuni punti chiave per comprendere questa complessa dinamica:

Globalizzazione Economica

Le BRICS hanno adottato una posizione generalmente favorevole alla globalizzazione economica. Riconoscono i benefici derivanti dalla partecipazione ai mercati globali, come l'accesso a nuovi mercati, il flusso di investimenti esteri e l'importazione di tecnologie avanzate. Hanno promosso accordi commerciali, scambi di investimenti e partnership economiche con altre nazioni, dimostrando una volontà di approfondire i legami commerciali internazionali.

Protezionismo Moderato

Tuttavia, le BRICS non sono estranee al protezionismo moderato, specialmente quando si tratta di settori strategici o di difesa degli interessi nazionali. Utilizzano strumenti come tariffe, quote di importazione e regolamentazioni per proteggere le industrie locali e promuovere la produzione interna. Queste misure possono essere utilizzate come risposta alle crisi economiche o alle pressioni geopolitiche.

Nazionalismo Culturale

Dal punto di vista culturale e politico, le BRICS sono impegnate a preservare e promuovere le loro identità nazionali e culturali. Ciascuno di questi paesi ha una storia, una lingua e una cultura uniche e cerca di proteggerle dall'omogeneizzazione culturale portata dalla globalizzazione. Questo nazionalismo culturale può manifestarsi in politiche di promozione della lingua, delle arti e della cultura nazionale.

Soberania Politica

Le BRICS mantengono una ferma posizione sulla sovranità politica. Rifiutano l'ingerenza esterna negli affari interni e sostengono il principio del non intervento negli affari di altri paesi. Questa posizione è spesso espressa in riferimento a questioni come le tensioni regionali, i conflitti interni e i cambiamenti di regime.

Bilanciamento Sottolineato

Le BRICS cercano costantemente un equilibrio tra la partecipazione alla globalizzazione economica e la difesa dei loro interessi nazionali e culturali. Questo equilibrio è spesso sfidato da eventi globali, come crisi finanziarie, conflitti geopolitici e tensioni commerciali. In tali momenti, possono adottare una posizione più nazionalista o più globalizzata a seconda delle circostanze.

In sintesi, le BRICS rappresentano una sfida al tradizionale confronto tra globalizzazione e nazionalismo. Questi paesi cercano di bilanciare la partecipazione attiva alla globalizzazione economica con la protezione dei loro interessi nazionali e culturali. La loro capacità di mantenere questo delicato equilibrio sarà fondamentale per il loro futuro e per la definizione del ruolo delle economie emergenti nel contesto globale.

Per comprendere in modo più dettagliato come le BRICS bilanciano la globalizzazione e il nazionalismo, è importante esaminare alcuni esempi specifici e le sfide associate a questa complessa dinamica:

1. Commercio Internazionale

Le BRICS hanno favorito la liberalizzazione del commercio internazionale, ma allo stesso tempo proteggono i settori chiave delle loro economie da concorrenza eccessiva. Ad esempio, il Brasile ha imposto dazi su alcuni prodotti manifatturieri per proteggere la sua industria nazionale, mentre l'India ha adottato politiche simili per sostenere il settore agricolo. Queste azioni sono state spesso oggetto di controversia, poiché possono ostacolare la piena adesione alla globalizzazione commerciale.

2. Investimenti Esterni

Le BRICS hanno attratto ingenti investimenti esterni, ma sono diventate più selettive nel consentire l'accesso a settori strategici. Ad esempio, la Cina ha reso più rigorosa la supervisione degli investimenti esteri diretti in settori come la tecnologia e la sicurezza nazionale. Questa mossa è stata considerata come un tentativo di equilibrare la necessità di capitale estero con la preservazione della sicurezza nazionale e delle tecnologie chiave.

3. Tecnologia e Controllo dei Dati

Le BRICS sono attivamente coinvolte nella corsa alla tecnologia globale, ma anche qui cercano di garantire la loro indipendenza tecnologica e di preservare la sicurezza dei dati. Ad esempio, la Russia ha adottato una legge che richiede ai dati personali dei cittadini russi di essere immagazzinati in server situati all'interno del paese, un passo che è stato interpretato come un tentativo di aumentare il controllo sui dati e sulla tecnologia.

4. Identità Culturale

Le BRICS attribuiscono grande importanza alla promozione delle loro identità culturali uniche. Ciò si traduce in politiche di sostegno alle arti, alla lingua e alla cultura nazionale. Ad esempio, il Brasile promuove la diffusione della lingua portoghese, mentre l'India sostiene la diffusione della lingua hindi. Questi sforzi riflettono un impegno a preservare la diversità culturale in un mondo sempre più globalizzato.

5. Leadership Globale

Le BRICS cercano attivamente di ampliare la loro influenza sulla scena globale. Collaborano in organizzazioni come le Nazioni Unite e il G20 per promuovere un ordine mondiale più multipolare. Tuttavia, sono anche impegnate a sostenere il principio della sovranità nazionale e ad evitare l'ingerenza negli affari interni di altri paesi.

6. Sfide Geopolitiche

Sfide geopolitiche come il conflitto in Ucraina e le tensioni tra India e Cina nell'Himalaya hanno posto alla prova la solidarietà delle BRICS. Mentre cercano di equilibrare le loro relazioni bilaterali con altri attori globali, come gli Stati Uniti e l'Unione Europea, devono affrontare sfide geopolitiche che mettono alla prova il loro approccio alla sovranità e alla cooperazione globale.

In sintesi, le BRICS affrontano costantemente una complessa serie di sfide quando si tratta di bilanciare la globalizzazione con il nazionalismo. Le loro politiche e azioni dipendono da una serie di fattori, compresi gli interessi economici, le sfide geopolitiche e la volontà di preservare le proprie identità culturali. Questa dinamica è al centro delle loro relazioni globali e rappresenta una delle sfide più significative nel contesto geopolitico attuale.

7. Risorse Naturali

Le BRICS sono ricche di risorse naturali, e questo è un aspetto che influisce sulla loro politica economica e commerciale. Mentre cercano di trarre vantaggio dalla globalizzazione per esportare risorse, allo stesso tempo adottano politiche per proteggere e gestire strategicamente queste risorse. Ad esempio, il Brasile ha politiche per il controllo delle esportazioni di risorse naturali come il petrolio, mentre la Russia ha limitazioni simili sulle esportazioni di gas naturale.

8. Investimenti Infrastrutturali

Le BRICS hanno avviato importanti progetti di investimenti infrastrutturali, sia a livello nazionale che internazionale. Questi investimenti sono spesso destinati a promuovere la connettività regionale e globale e a sostenere la crescita economica. Tuttavia, tali progetti possono anche essere utilizzati come strumenti di influenza geopolitica, contribuendo alla creazione di reti commerciali e al consolidamento dell'influenza globale delle BRICS.

9. Pandemia e Nazionalismo Sanitario

La pandemia di COVID-19 ha riacceso il dibattito sulla globalizzazione e il nazionalismo. Mentre le BRICS hanno collaborato per garantire l'accesso ai vaccini e per condividere conoscenze scientifiche, ciascun paese ha anche adottato misure nazionali per proteggere la salute dei propri cittadini. Questo bilanciamento tra cooperazione globale e protezionismo sanitario è emblematico del dilemma più ampio tra globalizzazione e nazionalismo.

10. Contenimento delle Crisi Finanziarie

Le BRICS hanno creato il proprio fondo di riserva valutaria, noto come il "Contingent Reserve Arrangement," per affrontare crisi finanziarie globali senza dover ricorrere alle istituzioni finanziarie occidentali come il Fondo Monetario Internazionale (FMI). Questo dimostra una volontà di mantenere un certo grado di controllo sui propri affari finanziari e una preferenza per soluzioni regionali rispetto alle istituzioni globali.

11. Tensioni Commerciali

Le tensioni commerciali tra le BRICS possono mettere alla prova la solidarietà del gruppo. Ad esempio, l'India e la Cina hanno avuto dispute commerciali e territoriali che hanno influenzato le loro relazioni all'interno delle BRICS. Questi conflitti richiedono un delicato bilanciamento tra il sostegno alla propria sovranità e l'importanza della coesione del gruppo.

12. Diversità Geografica ed Economica

Le BRICS rappresentano una notevole diversità geografica ed economica, che rende ancora più complesso il bilanciamento tra globalizzazione e nazionalismo. L'India, ad esempio, è una delle economie emergenti più grandi al mondo, mentre il Sudafrica è relativamente più piccolo. Queste differenze influenzano le strategie e le priorità di ciascun paese all'interno del gruppo.

In sintesi, le BRICS continuano a bilanciare la globalizzazione e il nazionalismo attraverso una serie di politiche, azioni e iniziative. Questa dinamica complessa è modellata da fattori economici, politici, culturali e ambientali, e richiede un costante adeguamento alle sfide e alle opportunità emergenti nel contesto globale. Il modo in cui affrontano questo bilanciamento avrà implicazioni significative per il futuro delle relazioni internazionali e dell'ordine mondiale.

13. Investimenti in Paesi in Via di Sviluppo

Le BRICS hanno aumentato gli investimenti nei paesi in via di sviluppo, sia per motivi economici che geopolitici. Questi investimenti possono promuovere la crescita economica nei paesi ospitanti, ma possono anche alimentare preoccupazioni riguardo al neocolonialismo e alla dipendenza economica. Le BRICS cercano di equilibrare la loro crescente presenza globale con la necessità di rispettare la sovranità degli stati ospitanti.

14. Diplomazia Economica

Le BRICS hanno sviluppato una diplomazia economica attiva per perseguire i loro interessi globali. Hanno organizzato vertici economici e commerciali e hanno cercato di influenzare organizzazioni globali come l'Organizzazione Mondiale del Commercio (OMC) per promuovere le loro priorità. Questi sforzi dimostrano un impegno nella promozione dei propri interessi, ma possono anche creare frizioni con altre nazioni.

15. Educazione e Scienza

Le BRICS collaborano anche nell'ambito dell'educazione e della scienza per promuovere l'innovazione e lo sviluppo tecnologico. Questa cooperazione può essere vista come un tentativo di bilanciare la globalizzazione attraverso la promozione dell'istruzione e della ricerca nazionale.

16. Controllo dei Media

Ogni paese BRICS ha politiche di controllo dei media che riflettono le loro esigenze nazionali e culturali. Ad esempio, la Cina ha una rigorosa censura dei contenuti online per preservare la stabilità politica, mentre il Brasile ha normative per promuovere la produzione di contenuti culturali locali. Questi approcci illustrano come le BRICS cercano di bilanciare la globalizzazione dei media con le loro priorità nazionali.

17. Infrastrutture Digitali

Le BRICS hanno anche fatto progressi significativi nell'ambito delle infrastrutture digitali, cercando di ridurre il divario digitale. Questi sforzi possono bilanciare la globalizzazione attraverso l'accesso universale a internet e la promozione dell'innovazione tecnologica a livello nazionale.

18. Riforma delle Istituzioni Globali

Le BRICS hanno sostenuto la riforma delle istituzioni globali, come il Consiglio di Sicurezza delle Nazioni Unite, per renderle più rappresentative e rispondenti alle sfide contemporanee. Questo sforzo è un esempio di come cercano di influenzare il sistema globale mentre proteggono la loro sovranità.

19. Investimenti in Energia Sostenibile

Mentre cercano di soddisfare il fabbisogno energetico crescente, le BRICS hanno anche fatto investimenti significativi in energia sostenibile, come le energie rinnovabili. Questi investimenti possono bilanciare la globalizzazione attraverso la promozione di fonti energetiche più pulite e il rafforzamento della sicurezza energetica nazionale.

20. Coordinamento nelle Organizzazioni Internazionali

Le BRICS coordinano le loro posizioni in diverse organizzazioni internazionali, come il G20 e il BRICS Business Council. Questa collaborazione cerca di bilanciare la globalizzazione attraverso l'influenza collettiva in queste organizzazioni, consentendo alle BRICS di promuovere i loro interessi congiunti.

In conclusione, il bilancio tra globalizzazione e nazionalismo da parte delle BRICS è un processo complesso che coinvolge una serie di politiche e iniziative. Questi paesi emergenti cercano costantemente di proteggere i loro interessi nazionali e culturali mentre partecipano attivamente alla scena globale. La loro abilità nel gestire questa sfida determinerà il loro ruolo futuro nel panorama geopolitico e economico globale.

21. Misure di Sicurezza Alimentare

Le BRICS hanno messo in atto politiche per garantire la sicurezza alimentare dei loro cittadini. Queste politiche possono includere la promozione dell'agricoltura nazionale e la limitazione delle importazioni di alimenti. Tali misure sono spesso giustificate sulla base della necessità di garantire la sovranità alimentare, ma possono anche comportare un maggiore protezionismo.

22. Iniziative Culturali Bilaterali

All'interno delle BRICS, i paesi spesso intraprendono iniziative bilaterali per promuovere la loro cultura. Ad esempio, la Russia e l'India possono organizzare scambi culturali per promuovere la reciproca comprensione tra le loro popolazioni. Queste iniziative possono aiutare a rafforzare i legami tra i paesi membri e a preservare le loro identità culturali.

23. Investimenti in Industrie Strategiche

Le BRICS hanno identificato industrie strategiche chiave per il loro sviluppo e cercano di proteggerle da influenze esterne. Ad esempio, la Cina ha adottato politiche di "Made in China 2025" per promuovere le industrie ad alta tecnologia nazionali e ridurre la dipendenza dalle importazioni straniere. Questo è un esempio di come bilanciano la globalizzazione con l'obiettivo di costruire un'economia basata sulla tecnologia.

24. Accordo di Shanghai per la Cooperazione

L'Accordo di Shanghai per la Cooperazione (SCO), che comprende diverse nazioni dell'Asia centrale e la Cina, è un esempio di come le BRICS bilanciano gli interessi regionali con quelli globali. L'SCO promuove la cooperazione economica e di sicurezza in Asia centrale, ma le BRICS utilizzano anche questa piattaforma per discutere questioni globali e coordinare le loro posizioni.

25. Politiche Industriali e Commerciali

Ogni paese BRICS ha politiche industriali e commerciali uniche per promuovere la crescita economica e l'occupazione. Queste politiche possono variare dalla promozione delle esportazioni al sostegno alle piccole imprese. Mentre cercano di partecipare attivamente al commercio globale, tali politiche riflettono anche gli sforzi per mantenere una certa autonomia economica.

26. Cooperazione Scientifica e Tecnologica

Le BRICS promuovono la cooperazione scientifica e tecnologica per stimolare l'innovazione. Questi sforzi comprendono la condivisione di ricerca e lo sviluppo congiunto di tecnologie avanzate. La collaborazione scientifica riflette la volontà delle BRICS di partecipare alla competizione tecnologica globale mentre mantengono la loro identità scientifica e tecnologica.

27. Impatto Sociale e Ambientale

Le BRICS cercano di bilanciare gli aspetti sociali e ambientali della globalizzazione. Ciò significa affrontare le sfide della disuguaglianza e dell'equità sociale, nonché le questioni ambientali come la gestione sostenibile delle risorse naturali e il cambiamento climatico. Questi sono fattori che contribuiscono al bilancio tra globalizzazione ed esigenze nazionali.

28. Ruolo nei Forum Regionali

Le BRICS partecipano attivamente a forum regionali come il Foro di Cooperazione Asia-Pacifico (APEC) e l'Organizzazione per la Cooperazione di Shanghai (SCO). Questa partecipazione riflette un approccio multilaterale che bilancia gli interessi regionali con quelli globali.

29. Dipendenza Economica Globale

Le BRICS cercano di bilanciare la loro crescente dipendenza economica globale con la necessità di preservare la loro autonomia economica. Ciò può comportare la diversificazione delle fonti di approvvigionamento energetico o la promozione di produzioni locali per ridurre la dipendenza dalle importazioni.

30. Diplomazia del Soft Power

Le BRICS cercano di promuovere il loro soft power, compresi aspetti culturali come la letteratura, il cinema e l'arte, per influenzare positivamente la percezione globale di sé stessi. Questi sforzi contribuiscono alla promozione della loro cultura e alla proiezione di un'immagine positiva nel mondo.

In conclusione, il bilancio tra globalizzazione e nazionalismo da parte delle BRICS è un processo complesso e in evoluzione che coinvolge una serie di politiche e iniziative. Questi paesi emergenti cercano costantemente di proteggere i propri interessi nazionali e culturali mentre partecipano attivamente alla scena globale. La loro abilità nel gestire questa sfida avrà un impatto significativo sul futuro delle relazioni internazionali e dell'ordine mondiale.

In conclusione, il bilancio tra globalizzazione e nazionalismo da parte delle BRICS è un processo dinamico e complesso che richiede un'attenzione costante ai cambiamenti nel contesto globale. Questi paesi emergenti sono consapevoli dell'importanza di partecipare attivamente alla scena globale per promuovere i propri interessi economici, politici e culturali. Tuttavia, allo stesso tempo, cercano di preservare la loro sovranità, identità culturale e autonomia economica.

Le BRICS utilizzano una serie di strategie e politiche per affrontare questa sfida:

1. **Diplomazia Bilaterale e Multilaterale:** Collaborano su questioni globali attraverso una diplomazia attiva sia a livello bilaterale che multilaterale, cercando di influenzare organizzazioni internazionali e forum globali per promuovere i loro interessi comuni.

2. **Economie Nazionali Diverse:** Ogni paese BRICS ha un'economia e una base industriale uniche, e cercano di capitalizzare su queste differenze per promuovere la complementarietà economica all'interno del gruppo.

3. **Politiche Industriali e Commerciali:** Adottano politiche industriali e commerciali per promuovere la crescita economica e proteggere le industrie strategiche nazionali.

4. **Cooperazione Scientifica e Tecnologica:** Collaborano nella ricerca scientifica e nello sviluppo tecnologico per stimolare l'innovazione e competere a livello globale.

5. **Investimenti Strategici:** Fanno investimenti strategici in settori chiave, come le infrastrutture,

l'energia e le tecnologie avanzate, per sostenere la crescita economica e la sicurezza nazionale.

6. **Cultura e Soft Power:** Utilizzano la promozione della cultura e del soft power per migliorare l'immagine globale e influenzare positivamente la percezione globale di sé stessi.

7. **Diplomazia Economica:** Partecipano attivamente a vertici economici e commerciali internazionali per promuovere il commercio e gli investimenti.

8. **Gestione delle Risorse Naturali:** Adottano politiche per gestire strategicamente le risorse naturali e garantire la sicurezza alimentare ed energetica.

9. **Sviluppo Sostenibile:** Si impegnano a promuovere politiche di sviluppo sostenibile per affrontare le sfide ambientali e sociali.

In un mondo sempre più interconnesso, le BRICS si trovano di fronte a sfide e opportunità in continua evoluzione. La loro capacità di bilanciare efficacemente la globalizzazione con le loro esigenze nazionali sarà determinante per il loro successo e il loro ruolo nell'ordine mondiale emergente. Mantenendo un approccio flessibile e adattabile, questi paesi possono continuare a sfruttare la loro crescita economica e la loro influenza geopolitica per contribuire a plasmare il futuro del mondo.

17. Diritti Umani • Analisi della situazione dei diritti umani nei paesi BRICS.

1. Brasile:

Il Brasile è stato oggetto di attenzione internazionale per la sua situazione dei diritti umani. Questioni come la violenza nelle favelas, la discriminazione contro le minoranze, e la deforestazione dell'Amazzonia sono state fonte di preoccupazione. Tuttavia, il paese ha anche fatto progressi nella promozione dei diritti delle donne e delle minoranze LGBTQ+.

2. Russia:

In Russia, sono state segnalate preoccupazioni riguardo alle libertà civili, tra cui la libertà di stampa e di espressione. Gli attivisti dei diritti umani affermano che le critiche al governo possono comportare persecuzioni. La situazione dei diritti delle minoranze, in particolare quella LGBTQ+, è stata oggetto di tensioni.

3. India:

L'India ha una società complessa con una vasta gamma di sfide legate ai diritti umani. Ci sono preoccupazioni per la libertà di religione, la discriminazione di caste e la violenza di genere. Tuttavia, il paese ha fatto progressi nella promozione dell'istruzione e nella lotta alla povertà.

4. Cina:

La Cina ha attirato l'attenzione globale per la sua gestione dei diritti umani, inclusa la repressione delle proteste in Tibet e la situazione dei diritti delle minoranze etniche come gli Uiguri. La Cina è anche stata critica per la sua censura online e il controllo dei media.

5. Sudafrica:

Il Sudafrica ha una storia di lotta per i diritti umani, essendo emerso dall'apartheid. Il paese ha compiuto progressi nella promozione dei diritti delle minoranze, ma affronta ancora sfide legate alla disuguaglianza economica e alla criminalità.

È importante notare che la situazione dei diritti umani è complessa e sfaccettata in ciascuno di questi paesi BRICS. Ogni nazione ha fatto progressi in alcuni settori ma affronta sfide in altri. Inoltre, la percezione dei diritti umani può variare a seconda della prospettiva culturale e politica.

Le BRICS spesso cercano di bilanciare la promozione dei diritti umani con la sovranità nazionale. Questo può portare a posizioni contrastanti nei forum internazionali. Tuttavia, la promozione dei diritti umani rimane un argomento importante nelle discussioni globali, e la situazione dei diritti umani nei paesi BRICS continua a essere oggetto di attenzione e dibattito a livello internazionale.

6. Brasile:

Nel contesto del Brasile, la situazione dei diritti umani è stata influenzata da sfide come la violenza urbana, soprattutto nelle favelas. Le forze di sicurezza spesso sono state criticate per l'uso eccessivo della forza. La discriminazione razziale e la violenza contro le minoranze, tra cui i popoli indigeni, sono preoccupazioni persistenti. Tuttavia, il paese ha fatto progressi nel rafforzamento dei diritti delle donne e nella lotta contro l'impunità per i crimini contro i diritti umani.

7. Russia:

In Russia, le organizzazioni dei diritti umani spesso segnalano restrizioni alla libertà di stampa e di espressione. Le leggi sulla propaganda omosessuale hanno suscitato preoccupazioni in merito ai diritti delle persone LGBTQ+. La situazione delle minoranze etniche come i ceceni è stata oggetto di dibattito internazionale.

8. India:

L'India è un paese diversificato con sfide complesse legate ai diritti umani. La discriminazione di caste persiste, e le tensioni religiose sono state una preoccupazione crescente. Tuttavia, il paese ha fatto progressi significativi nella promozione dell'istruzione e nell'affrontare la povertà estrema.

9. Cina:

La Cina è stata oggetto di attenzione internazionale per la situazione dei diritti umani. La repressione delle proteste in Tibet e la gestione dei diritti delle minoranze etniche come gli Uiguri hanno sollevato preoccupazioni globali. La censura online e il controllo dei media sono ben noti, e i dissidenti politici possono affrontare persecuzioni.

10. Sudafrica:

Il Sudafrica ha una storia di lotta per i diritti umani, avendo superato l'apartheid. Tuttavia, il paese affronta ancora sfide legate alla disuguaglianza economica e alla criminalità. Il governo sudafricano ha lavorato per promuovere i diritti delle minoranze e per affrontare le questioni di genere.

Ogni paese BRICS ha una situazione unica dei diritti umani, con una serie di sfide e progressi. La percezione dei diritti umani può variare ampiamente all'interno e all'esterno di questi paesi. Inoltre, è importante sottolineare che la situazione dei diritti umani è in costante evoluzione, e gli sviluppi recenti possono influenzare la percezione globale.

Le BRICS spesso affrontano sfide quando cercano di bilanciare la promozione dei diritti umani con le loro esigenze di sovranità nazionale. Tuttavia, il tema dei diritti umani rimane una parte importante delle discussioni globali e continua a essere oggetto di attenzione e dibattito a livello internazionale.

11. Brasile:

Nel contesto brasiliano, le violazioni dei diritti umani sono spesso associate alla violenza nelle favelas, dove le operazioni di polizia possono sfociare in abusi dei diritti umani. La discriminazione contro le minoranze, compresi i popoli indigeni e la popolazione nera, è un problema persistente. Nel corso degli anni, il Brasile ha anche affrontato sfide legate alla sicurezza delle donne e alla violenza domestica, ma ha fatto progressi nell'implementazione di leggi per proteggere le vittime.

12. Russia:

In Russia, le organizzazioni per i diritti umani spesso denunciano la limitazione della libertà di espressione e la repressione delle voci dissidenti. La situazione dei diritti delle minoranze, comprese le persone LGBTQ+, è soggetta a restrizioni legali e sociali. Le proteste politiche possono essere represse, e gli attivisti possono affrontare intimidazioni e arresti.

13. India:

L'India è una nazione complessa con una ricca diversità culturale, ma anche una storia di discriminazione di caste e tensioni religiose. La violenza contro le donne è stata un problema significativo, con episodi di stupri e violenza domestica che hanno suscitato l'indignazione pubblica. Il paese sta lavorando a riforme legali e sociali per affrontare queste sfide.

14. Cina:

La Cina è stata oggetto di crescente attenzione internazionale per la gestione dei diritti umani. La repressione delle proteste in Tibet e le preoccupazioni riguardo ai diritti delle minoranze etniche come gli Uiguri sono state ampiamente segnalate. La censura dei media e dell'Internet è diffusa, e i dissidenti politici possono affrontare gravi conseguenze.

15. Sudafrica:

Il Sudafrica ha una storia di lotta per i diritti umani, con la fine dell'apartheid come punto di svolta.

Tuttavia, il paese affronta ancora sfide legate alla disuguaglianza economica e alla criminalità. La questione delle terre e la riforma agraria sono state fonte di tensioni, mentre il governo sudafricano cerca di affrontare questioni come la povertà estrema.

Ogni paese BRICS ha una situazione dei diritti umani unica, con sfide e progressi specifici. La percezione dei diritti umani può variare ampiamente, e il dibattito interno e internazionale continua a essere una parte importante del dialogo globale. La situazione dei diritti umani è in costante evoluzione, con gli sviluppi recenti che possono avere un impatto significativo sulla percezione globale e sulle politiche nazionali.

16. Brasile:

Nel contesto brasiliano, la situazione dei diritti umani è stata influenzata anche da una serie di questioni ambientali. La deforestazione dell'Amazzonia e la distruzione dell'habitat naturale hanno suscitato preoccupazioni a livello globale, in quanto minacciano la vita delle popolazioni indigene e contribuiscono al cambiamento climatico. La gestione delle risorse naturali e la protezione dei diritti delle comunità indigene sono diventate questioni centrali nella discussione dei diritti umani in Brasile.

17. Russia:

La Russia ha visto il consolidamento del potere centralizzato e la limitazione della libertà di stampa e di espressione negli ultimi anni. Organizzazioni per i diritti umani hanno documentato casi di arresti arbitrari di oppositori politici e attivisti. Inoltre, la situazione dei diritti delle minoranze sessuali, come le persone LGBTQ+, è stata difficile, con leggi contro la "propaganda omosessuale" che limitano la libertà di espressione e l'accesso a servizi di supporto.

18. India:

L'India ha fatto progressi significativi nell'ambito dell'istruzione e della lotta alla povertà, ma continua a fronteggiare sfide nella promozione dei diritti delle donne e nella prevenzione della violenza di genere. Inoltre, le tensioni religiose e le violenze intercomunitarie sono state un motivo di preoccupazione crescente negli ultimi anni. La discriminazione di caste persiste, sebbene il governo abbia promulgato leggi per promuovere l'uguaglianza.

19. Cina:

La Cina è stata oggetto di crescente attenzione per la sua gestione dei diritti umani, con preoccupazioni per la repressione delle voci critiche e la situazione delle minoranze etniche. La sorveglianza di massa, inclusa la sorveglianza delle comunicazioni online e il riconoscimento facciale, è diventata una questione significativa legata alla privacy e alla libertà personale. La situazione dei diritti delle minoranze etniche, in particolare degli Uiguri, ha attirato l'attenzione internazionale, con accuse di detenzioni di massa e violazioni dei diritti umani.

20. Sudafrica:

Il Sudafrica ha continuato a lottare con questioni di disuguaglianza economica e sociale ereditate dall'era dell'apartheid. Sebbene il paese abbia fatto progressi nel migliorare l'uguaglianza e la giustizia sociale, resta molto lavoro da fare. In particolare, il tema delle terre e della riforma agraria è stato un argomento di dibattito e tensione. Tuttavia, il Sudafrica rimane un esempio di transizione pacifica dalla segregazione razziale a una democrazia multirazziale.

In ciascuno di questi paesi BRICS, la situazione dei diritti umani è influenzata da una serie di fattori unici. Le sfide e i progressi variano ampiamente, e la percezione dei diritti umani può essere soggettiva e influenzata da variabili culturali e politiche. La promozione e la tutela dei diritti umani rimangono importanti temi di dibattito a livello internazionale, con molte organizzazioni e governi che lavorano per affrontare le sfide in corso e cercare soluzioni per migliorare la situazione dei diritti umani in tutto il mondo.

21. Brasile:

Nel contesto brasiliano, la situazione dei diritti umani è stata influenzata anche dalla violenza poliziesca, soprattutto nelle favelas delle grandi città. Si sono verificati numerosi casi di abusi e omicidi commessi da forze di polizia, sollevando domande sulla mancanza di responsabilità e trasparenza nelle indagini. Inoltre, le minacce e gli attacchi contro i difensori dei diritti umani sono preoccupanti e pongono sfide alla libertà di espressione e di associazione.

22. Russia:

Negli ultimi anni, la Russia ha visto un aumento delle restrizioni alla libertà di stampa e di espressione. Le leggi che limitano l'attività delle organizzazioni non governative (ONG) straniere hanno reso difficile il lavoro degli attivisti per i diritti umani. La situazione delle minoranze sessuali, tra cui le persone LGBTQ+, è diventata più difficile a causa delle leggi anti-propaganda omosessuale e della discriminazione sociale.

23. India:

L'India è un paese caratterizzato da una diversità culturale straordinaria, ma affronta sfide legate ai diritti umani, tra cui la discriminazione di caste e le tensioni religiose. La crescente polarizzazione politica ha portato a un clima in cui le voci critiche vengono

spesso represse o minacciate. Nonostante ciò, il paese
ha fatto progressi nella promozione dell'istruzione e
nell'accesso ai servizi sanitari.

24. Cina:

La Cina ha attirato l'attenzione internazionale per la
sua gestione dei diritti umani, in particolare per la
situazione delle minoranze etniche come gli Uiguri
nella regione dello Xinjiang. Ci sono state accuse di
detenzioni di massa, lavori forzati e altre violazioni dei
diritti umani. La censura online è diffusa, e le
restrizioni sulla libertà di espressione sono notevoli.
Tuttavia, la Cina è anche uno dei principali attori nella
lotta contro la povertà e ha realizzato progressi
economici significativi.

25. Sudafrica:

Il Sudafrica è stato un esempio di transizione pacifica
da un sistema di segregazione razziale a una
democrazia multirazziale. Tuttavia, il paese affronta
ancora sfide legate alla disuguaglianza economica e
sociale, con una distribuzione disuguale delle risorse e
delle opportunità. La questione delle terre e della
riforma agraria è stata una fonte di tensione, mentre il
governo cerca di affrontare le questioni di giustizia
sociale e di sviluppo economico.

La situazione dei diritti umani è complessa in ciascuno
di questi paesi BRICS e è influenzata da una serie di

fattori. Le sfide e i progressi variano notevolmente, e la percezione dei diritti umani può variare a seconda delle prospettive culturali e politiche. La promozione e la tutela dei diritti umani rimangono una priorità a livello globale, con molte organizzazioni e governi che cercano di affrontare le sfide e di lavorare verso una maggiore giustizia e uguaglianza nei rispettivi paesi.

In conclusione, la situazione dei diritti umani nei paesi BRICS è complessa e variegata, con ciascun paese che affronta sfide e opportunità uniche. Mentre questi paesi emergenti continuano a svolgere un ruolo sempre più rilevante sulla scena globale, è fondamentale monitorare attentamente la situazione dei diritti umani in ciascun paese e affrontare le questioni critiche in modo efficace.

In Brasile, la violenza poliziesca e la discriminazione contro le minoranze rimangono questioni di preoccupazione, mentre in Russia, le restrizioni alla libertà di stampa e di espressione sono in aumento. In India, le tensioni religiose e la discriminazione di caste costituiscono sfide importanti, mentre in Cina, la situazione delle minoranze etniche, in particolare degli Uiguri, è stata oggetto di crescente attenzione internazionale. Nel Sudafrica, sebbene il paese abbia fatto progressi significativi nella transizione post-apartheid, le sfide legate alla disuguaglianza economica e alla giustizia sociale rimangono aperte.

È essenziale che i governi, le organizzazioni per i diritti umani e la comunità internazionale lavorino insieme per promuovere e proteggere i diritti umani in questi paesi e in tutto il mondo. La trasparenza, la responsabilità e il dialogo aperto sono strumenti chiave per affrontare le questioni dei diritti umani e cercare soluzioni sostenibili. Mentre i paesi BRICS continuano a svolgere un ruolo significativo nella politica mondiale ed economica, la questione dei diritti umani rimane una parte cruciale del dibattito globale sulla giustizia e l'uguaglianza.

18. Futuro delle BRICS • Prospettive e sfide future per le BRICS nel nuovo ordine mondiale.

Le BRICS, costituite da Brasile, Russia, India, Cina e Sudafrica, sono emerse come un'importante forza nel contesto del nuovo ordine mondiale. Tuttavia, affrontano una serie di prospettive e sfide nel loro percorso futuro:

Prospettive Future:

1. **Potenza Economica:** Le BRICS continuano a crescere economicamente e a esercitare una maggiore influenza nelle organizzazioni internazionali come il G20. La Cina, in

particolare, è diventata una potenza economica dominante.

2. **Cooperazione:** Le BRICS hanno il potenziale per rafforzare la cooperazione economica e politica tra di loro, che potrebbe portare a una maggiore stabilità globale.

3. **Riforma delle Istituzioni Globali:** Questi paesi hanno cercato una riforma delle istituzioni finanziarie internazionali come il Fondo Monetario Internazionale (FMI) per riflettere meglio il cambiamento nel bilancio di potere mondiale.

4. **Innovazione e Tecnologia:** Alcuni membri delle BRICS, come Cina e India, sono in prima linea nello sviluppo tecnologico e nell'innovazione, e possono contribuire a plasmare l'evoluzione tecnologica globale.

5. **Integrazione Economica:** Ci sono opportunità per un maggiore sviluppo dell'integrazione economica tra questi paesi, ad esempio attraverso il commercio intra-BRICS e la collaborazione in settori chiave come l'energia e le infrastrutture.

Sfide Future:

1. **Divergenze Politiche:** Le BRICS hanno divergenze politiche e obiettivi nazionali che possono rendere difficile la cooperazione su questioni globali. Ad esempio, Cina e India hanno avuto tensioni territoriali e rivalità geopolitiche.

2. **Sviluppo Sostenibile:** Affrontare le questioni ambientali e promuovere lo sviluppo sostenibile è una sfida importante, soprattutto considerando l'enorme impatto ambientale di alcune economie BRICS.

3. **Diritti Umani:** La situazione dei diritti umani in alcuni paesi BRICS è stata oggetto di preoccupazione internazionale e potrebbe rappresentare un ostacolo alla loro reputazione globale.

4. **Instabilità Economica:** Le economie delle BRICS sono suscettibili di instabilità economica, come crisi finanziarie o fluttuazioni dei prezzi delle materie prime, che potrebbero minare la loro crescita.

5. **Competizione Globale:** Le BRICS devono navigare in un mondo caratterizzato da crescenti rivalità geopolitiche, compresa la competizione tra Stati Uniti e Cina.

Il futuro delle BRICS dipenderà dalla loro capacità di superare queste sfide e capitalizzare sulle opportunità emergenti. La cooperazione tra questi paesi su questioni globali, insieme all'approfondimento dell'integrazione economica e della collaborazione in settori chiave, potrebbe contribuire a plasmare il nuovo ordine mondiale in un modo significativo. Tuttavia, sarà fondamentale affrontare le divergenze politiche e lavorare insieme per affrontare le sfide globali che caratterizzano il XXI secolo.

Certamente, continuiamo a esplorare ulteriormente le prospettive e le sfide future per le BRICS nel nuovo ordine mondiale:

Prospettive Future:

6. **Ruolo nelle Organizzazioni Internazionali:** Le BRICS cercano di svolgere un ruolo più influente in organizzazioni come il G20, il Fondo Monetario Internazionale e la Banca Mondiale. Possono lavorare insieme per riformare queste istituzioni in modo da riflettere meglio la realtà economica e politica attuale.

7. **Investimenti in Infrastrutture:** L'infrastruttura è un elemento chiave dello sviluppo economico. Le BRICS possono collaborare per promuovere progetti infrastrutturali congiunti, migliorando la

connettività tra di loro e contribuendo all'integrazione regionale.

8. **Cooperazione Scientifica e Tecnologica:** La ricerca e lo sviluppo tecnologico sono essenziali per l'innovazione economica. Le BRICS possono collaborare nella ricerca scientifica, nello sviluppo di tecnologie avanzate e nell'affrontare sfide globali come la salute pubblica e il cambiamento climatico.

9. **Promozione del Commercio e dell'Investimento:** Le BRICS possono lavorare per semplificare le procedure commerciali e promuovere gli investimenti tra di loro, migliorando così il flusso di beni e servizi e contribuendo alla crescita economica.

Sfide Future:

6. **Tensioni Geopolitiche:** Le tensioni geopolitiche tra alcune delle BRICS, come la Cina e l'India, possono ostacolare la cooperazione. La risoluzione pacifica dei conflitti e il dialogo saranno essenziali per evitare escalation dannose.

7. **Sicurezza Cibernetica e Difesa:** Con l'importanza crescente della tecnologia e della sicurezza cibernetica, le BRICS devono affrontare le sfide della difesa e della sicurezza cibernetica,

proteggendo le infrastrutture critiche e le informazioni sensibili.

8. **Sostenibilità Ambientale:** L'impatto ambientale delle economie BRICS è significativo. Devono lavorare insieme per affrontare il cambiamento climatico, promuovere l'energia pulita e proteggere risorse vitali come l'acqua.

9. **Diritti Umani e Libertà:** La situazione dei diritti umani in alcuni paesi BRICS rimane una preoccupazione. Per guadagnare una maggiore reputazione globale, devono affrontare le questioni dei diritti umani in modo trasparente e responsabile.

10. **Vulnerabilità Economica:** Le economie BRICS possono essere vulnerabili a shock economici globali. Dovrebbero adottare misure per ridurre la loro dipendenza da materie prime e promuovere una diversificazione economica sostenibile.

Il futuro delle BRICS sarà definito dalla loro capacità di affrontare queste sfide in modo collaborativo e di sfruttare le opportunità emergenti. La loro influenza sulla scena internazionale continua a crescere, e la loro capacità di cooperazione su questioni globali cruciali sarà fondamentale per modellare il futuro del nuovo ordine mondiale.

Prospettive Future:

10. **Affrontare la Disuguaglianza:** Le BRICS hanno economie in crescita ma affrontano anche significative disuguaglianze interne. Per garantire una crescita sostenibile e inclusiva, dovranno adottare politiche per ridurre la disuguaglianza economica e sociale, garantendo che i benefici della crescita siano diffusi ampiamente.

11. **Salute Pubblica:** La pandemia di COVID-19 ha evidenziato l'importanza della sanità pubblica e della cooperazione internazionale in materia di salute. Le BRICS possono collaborare per rafforzare le loro infrastrutture sanitarie e promuovere la ricerca medica congiunta per affrontare le sfide future legate alle pandemie.

12. **Educazione e Forza Lavoro Qualificata:** Investire nell'istruzione e nello sviluppo di una forza lavoro altamente qualificata è cruciale per la competitività economica a lungo termine. Le BRICS possono sviluppare programmi di istruzione congiunti e scambi accademici per promuovere la formazione di risorse umane qualificate.

13. **Promuovere la Pace e la Sicurezza:** La stabilità geopolitica è essenziale per la crescita economica e lo sviluppo. Le BRICS possono

lavorare insieme per affrontare le tensioni regionali e promuovere la pace attraverso il dialogo e la diplomazia.

14. **Diversificazione Economica:** Ridurre la dipendenza dalle materie prime e promuovere settori economici diversificati contribuirà a rendere le economie BRICS meno vulnerabili alle fluttuazioni dei prezzi delle materie prime e alle crisi finanziarie globali.

Sfide Future:

11. **Rivalità Geopolitiche:** Le tensioni geopolitiche tra le BRICS, come le dispute territoriali tra Cina e India, possono erodere la coesione del gruppo. La gestione di queste rivalità in modo pacifico sarà essenziale per il futuro del blocco.

12. **Ambiente e Cambiamento Climatico:** Le economie BRICS sono tra le maggiori emittenti di gas serra al mondo. Affrontare il cambiamento climatico richiede impegni concreti per la riduzione delle emissioni e l'adozione di fonti di energia rinnovabile.

13. **Cybersecurity:** Nel contesto dell'era digitale, la sicurezza cibernetica è una preoccupazione crescente. Le BRICS dovranno sviluppare

politiche e protocolli congiunti per affrontare le minacce informatiche.

14. **Diritti Umani:** Migliorare la situazione dei diritti umani rimane una sfida critica per alcune BRICS, con preoccupazioni relative alla libertà di stampa, all'indipendenza del sistema giudiziario e alla libertà di espressione.

15. **Instabilità Economica Globale:** Le BRICS dovranno affrontare le conseguenze dell'instabilità economica globale, come le fluttuazioni dei prezzi delle materie prime e la volatilità dei mercati finanziari.

Il futuro delle BRICS è un campo di sfide e opportunità. Il modo in cui questi paesi affronteranno queste sfide e lavoreranno insieme per sfruttare le opportunità determinerà il loro ruolo nel plasmare il nuovo ordine mondiale e il benessere delle loro popolazioni. La cooperazione tra le BRICS rimane cruciale per affrontare questioni globali complesse e per contribuire a una maggiore stabilità e prosperità globali.

Prospettive Future:

16. **Diplomazia Economica:** Le BRICS possono intensificare gli sforzi per la diplomazia economica, negoziando accordi commerciali bilaterali e multilaterali che favoriscono il commercio e gli investimenti. La diversificazione delle relazioni commerciali contribuirà alla resilienza economica.

17. **Energia Rinnovabile:** L'adozione di fonti di energia rinnovabile è essenziale per affrontare il cambiamento climatico. Le BRICS, con le loro vaste risorse energetiche, possono collaborare nello sviluppo e nella diffusione di tecnologie energetiche pulite.

18. **Connettività Infrastrutturale:** Migliorare la connettività infrastrutturale tra i paesi BRICS faciliterebbe il commercio e gli scambi, nonché la cooperazione economica. Progetti come la Belt and Road Initiative (BRI) della Cina offrono opportunità di sviluppo infrastrutturale condivise.

19. **Partecipazione Attiva:** Le BRICS possono svolgere un ruolo più attivo nella risoluzione delle crisi regionali e globali, promuovendo la diplomazia e cercando soluzioni pacifiche a conflitti e tensioni.

20.   **Collaborazione Scientifica e Tecnologica:** La ricerca congiunta e lo sviluppo tecnologico sono fondamentali per l'innovazione e la competitività globale. Le BRICS possono istituire programmi congiunti per promuovere la scienza e la tecnologia.

Sfide Future:

16. **Tensioni Commerciali Globali:** Le BRICS sono state influenzate dalle tensioni commerciali globali, come quelle tra Stati Uniti e Cina. Devono cercare modi per mitigare gli impatti negativi su economie e mercati.

17. **Fragilità Economica:** Alcune economie BRICS sono vulnerabili a shock economici. Migliorare la stabilità finanziaria e ridurre l'indebitamento eccessivo è essenziale per mitigare questi rischi.

18.   **Affrontare il Protezionismo:** Il crescente protezionismo in molte parti del mondo rappresenta una sfida per le BRICS, che dipendono dal commercio internazionale. Devono sostenere un sistema di commercio multilaterale basato su regole.

19. **Riforma delle Istituzioni Globali:** La riforma delle istituzioni internazionali rimane una sfida, con ostacoli politici da superare per

ottenere una rappresentanza adeguata nei forum globali.

20. **Sfide Tecnologiche:** Le BRICS dovranno affrontare sfide tecnologiche emergenti come la sicurezza cibernetica, la protezione dei dati e la governance dell'intelligenza artificiale.

Il futuro delle BRICS è dinamico e incerto, ma queste nazioni hanno dimostrato la loro resilienza e il loro impegno a influenzare il contesto globale. Continuando a lavorare insieme su questioni economiche, politiche e ambientali, le BRICS possono svolgere un ruolo significativo nella definizione del futuro ordine mondiale. La cooperazione multilaterale e il dialogo rimangono fondamentali per affrontare le sfide comuni e capitalizzare sulle opportunità emergenti.

Prospettive Future:

21. **Collaborazione Spaziale:** Le BRICS possono espandere la loro cooperazione nell'esplorazione spaziale, compresa la condivisione di tecnologie satellitari e l'invio di missioni spaziali congiunte per scopi scientifici e di osservazione della Terra.

22. **Rafforzare i Legami Culturali:** La promozione dello scambio culturale tra i paesi BRICS può contribuire a una migliore comprensione reciproca e favorire la tolleranza. Questo può essere fatto attraverso programmi di scambio di studenti, festival culturali e collaborazioni artistiche.

23. **Promuovere l'Innovazione Sociale:** Le BRICS possono collaborare per affrontare le sfide sociali attraverso l'innovazione sociale, promuovendo progetti che migliorano l'accesso a servizi sanitari, istruzione e benessere per le comunità svantaggiate.

24. **Partecipazione Femminile:** L'empowerment delle donne e la promozione della partecipazione femminile in politica ed economia possono essere obiettivi condivisi tra i membri delle BRICS, con politiche per affrontare le disuguaglianze di genere.

Sfide Future:

21.**Instabilità Politica:** L'instabilità politica in alcuni membri delle BRICS può ostacolare la loro coesione. È essenziale mantenere un dialogo aperto e cercare soluzioni diplomatiche per le tensioni politiche interne ed esterne.

22. **Accesso alle Risorse:** Le BRICS condividono la competizione per le risorse naturali in un mondo in crescita. La gestione sostenibile delle risorse sarà una sfida cruciale.

23. **Rispetto dei Diritti Umani:** Le preoccupazioni per i diritti umani persistono in alcuni paesi BRICS. Affrontare queste questioni in modo trasparente è fondamentale per la legittimità e la credibilità del gruppo.

24. **Conflitti Regionali:** Le BRICS sono coinvolte in diverse situazioni di conflitto regionale. La gestione pacifica dei conflitti e il sostegno a soluzioni diplomatiche rimangono una sfida.

25. **Adattamento al Cambiamento Globale:** Le BRICS dovranno adattarsi a un mondo in costante cambiamento, in cui l'equilibrio di potere può spostarsi rapidamente. La flessibilità e la capacità di adattamento saranno fondamentali.

Il futuro delle BRICS è un percorso dinamico, e la loro capacità di collaborare e affrontare sfide complesse sarà cruciale per il loro successo. La diversità dei membri delle BRICS offre anche un'opportunità unica per affrontare una vasta gamma di questioni globali. La loro influenza continua a crescere, e come gruppo, possono svolgere un ruolo significativo nella definizione del nuovo ordine mondiale, promuovendo la stabilità, la prosperità e la cooperazione globale.

In conclusione, le BRICS (Brasile, Russia, India, Cina e Sudafrica) rappresentano una coalizione di nazioni emergenti che ha guadagnato un'influenza significativa nel panorama globale. Nel contesto del nuovo ordine mondiale in evoluzione, le BRICS affrontano una serie di prospettive e sfide che delineano il loro futuro.

Le prospettive future delle BRICS includono la possibilità di:

1. **Promuovere la Cooperazione Multilaterale:** Le BRICS possono svolgere un ruolo chiave nel promuovere la cooperazione multilaterale e nel rafforzare le istituzioni globali per affrontare sfide come il cambiamento climatico, la sicurezza cibernetica e la salute pubblica.

2. **Crescita Economica Sostenibile:** Con un impegno a politiche economiche prudenti e all'innovazione, le BRICS possono mantenere

una crescita economica robusta e contribuire alla stabilità economica globale.

3. **Innovazione Tecnologica:** La collaborazione tra i membri delle BRICS può favorire l'innovazione tecnologica e promuovere settori ad alta crescita come l'intelligenza artificiale e la biotecnologia.

4. **Diplomazia Attiva:** Le BRICS possono continuare a svolgere un ruolo attivo nella diplomazia globale, cercando soluzioni pacifiche a conflitti regionali e globali.

Tuttavia, ci sono anche sfide significative che le BRICS devono affrontare, tra cui:

1. **Tensioni Geopolitiche:** Le tensioni tra alcuni membri delle BRICS, come la Cina e l'India, possono minare la coesione del gruppo e richiedono gestione diplomatica.

2. **Cambiamento Climatico:** Le BRICS sono tra i maggiori emettitori di gas serra e devono affrontare pressioni per ridurre le emissioni e adottare fonti di energia pulita.

3. **Diritti Umani:** Le preoccupazioni per i diritti umani in alcuni paesi BRICS richiedono attenzione, con la necessità di migliorare le

condizioni dei diritti umani per garantire la legittimità del gruppo.

4. **Instabilità Economica Globale:** Le BRICS devono essere pronte a fronteggiare l'instabilità economica globale, comprese le fluttuazioni dei prezzi delle materie prime e le crisi finanziarie.

5. **Sfide Tecnologiche:** La sicurezza cibernetica e la governance delle tecnologie emergenti rappresentano sfide crescenti che richiedono azioni coordinate.

In definitiva, il futuro delle BRICS è un campo di possibilità e sfide. Il modo in cui questi paesi affrontano queste sfide e lavorano insieme per sfruttare le opportunità sarà cruciale per il loro ruolo nel plasmare il nuovo ordine mondiale. La cooperazione multilaterale e il dialogo rimangono fondamentali per affrontare questioni globali complesse e per contribuire a una maggiore stabilità e prosperità globali.

19. Casi di Studio • Analisi dettagliata di specifici casi di studio relativi alle BRICS.

Certamente, esaminiamo alcuni casi di studio specifici relativi alle BRICS per avere una comprensione più approfondita di come queste nazioni agiscono e interagiscono nel contesto globale:

Caso di Studio 1: La Banca dei BRICS (New Development Bank - NDB)

La Banca dei BRICS, con sede a Shanghai, è stata istituita per finanziare progetti di sviluppo infrastrutturale e sostenibile nei paesi membri delle BRICS e in altre economie emergenti. È un esempio di cooperazione economica all'interno delle BRICS.

- **Obiettivi:** La NDB mira a promuovere lo sviluppo sostenibile attraverso il finanziamento di progetti infrastrutturali, ambientali e sociali nei paesi membri delle BRICS e oltre.

- **Successi:** La NDB ha finanziato progetti importanti come la costruzione di strade in India, progetti energetici in Cina e la gestione dell'acqua in Sudafrica. Ha anche svolto un ruolo significativo durante la pandemia di COVID-19, fornendo finanziamenti per affrontare la crisi sanitaria ed economica.

- **Sfide:** La NDB deve affrontare sfide come la raccolta di fondi, la gestione delle risorse e il coordinamento tra paesi membri con diverse priorità di sviluppo.

Caso di Studio 2: La Belt and Road Initiative (BRI) della Cina

La BRI è un ambizioso programma di infrastrutture e sviluppo economico promosso dalla Cina che coinvolge molti paesi, tra cui alcuni membri delle BRICS.

- **Obiettivi:** La BRI mira a creare una rete di collegamenti commerciali e infrastrutture che collegano la Cina all'Europa, all'Africa e all'Asia. Questo progetto è stato visto come un'opportunità per la Cina di espandere la sua influenza economica e politica.

- **Impatto sulle BRICS:** Molti paesi delle BRICS, tra cui Russia e India, sono coinvolti nella BRI. Questo ha portato a un aumento del commercio e degli investimenti regionali, ma ha anche generato preoccupazioni per la sovranità e la dipendenza economica.

- **Sfide:** La BRI ha affrontato critiche riguardanti la trasparenza, la sostenibilità ambientale e la governance. L'equilibrio tra benefici economici e questioni di sicurezza è una sfida in corso.

Caso di Studio 3: La Cooperazione nei Settori dell'Energia e dell'Agricoltura

Le BRICS collaborano anche in settori chiave come l'energia e l'agricoltura.

- **Energia:** La cooperazione energetica tra le BRICS comprende la condivisione di tecnologie e la creazione di piattaforme di cooperazione. Ad esempio, la Cina e la Russia hanno stretto accordi energetici, mentre il Brasile ha collaborato con l'India per lo sviluppo di biocarburanti.

- **Agricoltura:** Le BRICS lavorano insieme per affrontare sfide alimentari globali. Il Brasile, ad esempio, è un importante esportatore di prodotti agricoli, mentre l'India ha un settore agricolo in crescita. La cooperazione in questo settore può contribuire a garantire la sicurezza alimentare globale.

Questi casi di studio evidenziano la varietà di settori in cui le BRICS collaborano e le sfide e opportunità associate. La cooperazione tra le BRICS è complessa e in evoluzione, ma rimane una componente importante del panorama geopolitico ed economico globale.

Caso di Studio 4: La Cooperazione nelle Scienze e nella Ricerca

Le BRICS collaborano anche in campo scientifico e tecnologico per promuovere l'innovazione e lo sviluppo. Questa cooperazione contribuisce all'avanzamento delle conoscenze e all'accelerazione dello sviluppo tecnologico.

- **Scambio Accademico:** Le BRICS promuovono lo scambio di studenti, ricercatori e accademici tra i loro paesi membri. Questo favorisce la diversità culturale e contribuisce all'espansione delle conoscenze.

- **Ricerca congiunta:** I paesi BRICS collaborano in progetti di ricerca congiunta su questioni scientifiche e tecnologiche di interesse comune. Questo può spaziare dall'energia rinnovabile alla medicina, dall'intelligenza artificiale all'astronomia.

- **Investimenti in Ricerca e Sviluppo:** Alcuni paesi BRICS investono in infrastrutture per la ricerca e lo sviluppo, promuovendo l'innovazione tecnologica e la competitività a livello globale.

Caso di Studio 5: La Cooperazione Militare

Le BRICS intrattengono relazioni militari e svolgono esercitazioni congiunte. Sebbene la cooperazione militare non sia un obiettivo primario delle BRICS, rappresenta un aspetto della loro collaborazione.

- **Esercitazioni Congiunte:** Le BRICS hanno condotto esercitazioni militari congiunte, come gli esercizi antiterrorismo "Peace Mission" e le esercitazioni navali. Questi esercizi favoriscono la cooperazione tra le forze armate dei paesi membri.

- **Condivisione di Tecniche Militari:** I paesi BRICS possono condividere esperienze e tecniche militari per migliorare la loro capacità difensiva e partecipare a operazioni di mantenimento della pace delle Nazioni Unite.

- **Sfide di Sicurezza Comuni:** Le BRICS possono collaborare per affrontare sfide di sicurezza comuni, come il terrorismo internazionale e la pirateria marittima.

Caso di Studio 6: La Diplomazia Monetaria

Le BRICS hanno anche esplorato opportunità di collaborazione nel settore finanziario e monetario.

- **Risoluzione dei Conflitti Valutari:** Durante la crisi finanziaria globale del 2008, le BRICS hanno cercato di coordinare politiche monetarie per mitigare gli effetti della crisi sui loro paesi.

- **Banca dei BRICS:** Come menzionato precedentemente, la creazione della Banca dei BRICS ha lo scopo di fornire finanziamenti per progetti infrastrutturali nei paesi membri. Questo rappresenta uno sforzo significativo di cooperazione finanziaria.

- **Riforma del FMI:** Le BRICS hanno sostenuto la riforma delle istituzioni finanziarie internazionali, come il Fondo Monetario Internazionale, per riflettere meglio la realtà economica e politica attuale.

Questi casi di studio dimostrano la diversità delle aree in cui le BRICS cercano di collaborare, dal settore scientifico e tecnologico all'ambito militare e finanziario. La loro cooperazione è motivata dalla ricerca di soluzioni comuni per sfide globali e dall'obiettivo di promuovere la stabilità e la crescita economica nei loro paesi membri e oltre.

Caso di Studio 7: Cooperazione nel Settore delle Energie Rinnovabili

Le BRICS riconoscono l'importanza delle energie rinnovabili nella transizione verso un futuro più sostenibile. Alcuni membri delle BRICS sono tra i principali produttori e consumatori di energia nel mondo, e la cooperazione in questo settore può avere un impatto significativo:

- **Energia Solare:** L'India e la Cina, in particolare, stanno facendo investimenti massicci nelle tecnologie solari. La collaborazione tra questi paesi può contribuire allo sviluppo e alla diffusione di soluzioni solari accessibili ed efficienti.

- **Energia Eolica:** Alcuni paesi BRICS, come il Brasile e il Sudafrica, hanno sfruttato le risorse eoliche per la produzione di energia. La condivisione di best practice e tecnologie può stimolare ulteriormente l'adozione dell'energia eolica.

- **Tecnologie Verdi:** La ricerca e lo sviluppo congiunto di tecnologie verdi, come batterie ad alta capacità o sistemi di archiviazione dell'energia, possono contribuire a mitigare il cambiamento climatico e promuovere l'indipendenza energetica.

Caso di Studio 8: Cooperazione Culturale e Accademica

Le BRICS sono caratterizzate da culture e tradizioni diverse. La cooperazione culturale e accademica è fondamentale per promuovere la comprensione reciproca e il dialogo interculturale:

- **Scambi Culturali:** Le BRICS organizzano festival culturali, mostre d'arte e eventi gastronomici per condividere la loro diversità culturale. Questi eventi contribuiscono a sensibilizzare e promuovere l'interesse reciproco.

- **Collaborazione Accademica:** Le università dei paesi BRICS promuovono scambi accademici e collaborazioni di ricerca. Questo favorisce lo sviluppo di nuove conoscenze e tecnologie.

- **Promozione della Lingua:** La promozione delle lingue dei paesi BRICS, come il portoghese, il russo e l'hindi, può facilitare la comunicazione e il commercio tra i membri.

Caso di Studio 9: Cooperazione nello Spazio

L'esplorazione spaziale è un settore in cui alcuni membri delle BRICS hanno dimostrato competenza. La collaborazione nello spazio può portare a benefici condivisi:

- **Satelliti condivisi:** L'India ha lanciato satelliti per altri paesi BRICS, dimostrando la sua capacità tecnologica nello spazio. Questa collaborazione può migliorare la copertura satellitare e la connettività nelle regioni coinvolte.

- **Ricerca Spaziale:** La cooperazione nella ricerca spaziale può includere missioni congiunte di esplorazione della Luna o di Marte e la condivisione di dati scientifici.

- **Applicazioni Terrestri:** Le tecnologie sviluppate per l'esplorazione spaziale possono avere applicazioni terrestri, come la previsione meteorologica, la gestione delle risorse naturali e la comunicazione.

Questi casi di studio illustrano ulteriormente come le BRICS cercano di collaborare in settori diversi per promuovere la crescita economica sostenibile, l'innovazione tecnologica e la cooperazione internazionale. La diversità di competenze e risorse tra i membri delle BRICS offre molte opportunità per lo sviluppo condiviso e il raggiungimento di obiettivi comuni.

In conclusione, i casi di studio sopra menzionati evidenziano il vasto spettro di settori in cui le BRICS cercano di cooperare per promuovere la stabilità, lo sviluppo e la sostenibilità globale. Le BRICS hanno dimostrato un impegno significativo nel lavorare insieme per affrontare sfide globali, promuovere la crescita economica e l'innovazione tecnologica e migliorare la comprensione interculturale. Questi sforzi di cooperazione riflettono l'aspirazione delle BRICS a svolgere un ruolo più influente nel nuovo ordine mondiale.

Tuttavia, è importante notare che le BRICS affrontano anche sfide interne ed esterne che possono influenzare la loro capacità di cooperare in modo efficace. Queste sfide possono includere divergenze politiche, economiche e sociali tra i membri, nonché la necessità di bilanciare le proprie priorità nazionali con quelle del gruppo.

Il futuro delle BRICS dipenderà in gran parte dalla loro capacità di affrontare queste sfide e di capitalizzare sulle opportunità di cooperazione. Se saranno in grado di mantenere una collaborazione costruttiva, potranno svolgere un ruolo sempre più significativo nel plasmare il nuovo ordine mondiale, influenzando questioni che vanno dalla politica economica globale alla sostenibilità ambientale.

In sintesi, le BRICS rappresentano una coalizione diversificata di paesi con potenziali notevoli. La loro capacità di lavorare insieme in settori chiave determinerà in larga misura il loro impatto sul futuro dell'ordine mondiale.

20. Conclusione • Riflessioni finali sul ruolo delle BRICS nel nuovo ordine mondiale e possibili scenari futuri.

Nella conclusione, consideriamo il ruolo delle BRICS nel nuovo ordine mondiale e alcune possibili prospettive future:

Le BRICS, composte da Brasile, Russia, India, Cina e Sudafrica, rappresentano un gruppo di nazioni emergenti con potenziali economici e politici considerevoli. La loro cooperazione è volta a sfidare l'egemonia occidentale e a contribuire a modellare un nuovo ordine mondiale più equo e multipolare.

Il ruolo delle BRICS nell'economia globale è notevole. La Cina è diventata la seconda economia più grande del mondo, e l'India è in crescita costante. Questi paesi contribuiscono in modo significativo alla crescita economica globale e stanno promuovendo accordi commerciali regionali e iniziative di sviluppo infrastrutturale che possono avere un impatto a lungo termine.

Le BRICS stanno anche cercando di influenzare le istituzioni finanziarie internazionali, come il Fondo Monetario Internazionale (FMI) e la Banca Mondiale, per riflettere meglio la realtà economica attuale e ridurre la dipendenza dalle istituzioni occidentali.

In campo politico, le BRICS affrontano sfide e opportunità. Esistono divergenze tra i membri su questioni politiche e strategiche, ma anche una volontà comune di promuovere la stabilità e la pace globali.

Tuttavia, il futuro delle BRICS non è privo di ostacoli. Le tensioni tra i membri, le differenze culturali e le sfide interne possono limitare la loro capacità di cooperare in modo efficace. Inoltre, il contesto geopolitico in evoluzione, con crescenti rivalità tra le potenze globali, può mettere alla prova la coesione delle BRICS.

Possibili scenari futuri includono:

1. **Rafforzamento della cooperazione:** Le BRICS potrebbero rafforzare la loro cooperazione economica, politica e strategica, ampliando il loro impatto nel nuovo ordine mondiale e contribuendo a promuovere la stabilità globale.

2. **Sfide interne:** Le tensioni tra i membri potrebbero accentuarsi, portando a una minore coesione all'interno del gruppo. Questo potrebbe indebolire la loro capacità di influenzare il nuovo ordine mondiale.

3. **Approfondimento delle relazioni bilaterali:** Alcuni membri delle BRICS potrebbero concentrarsi maggiormente sullo sviluppo delle loro relazioni bilaterali con

potenze globali come gli Stati Uniti o l'Unione Europea, riducendo l'attenzione alla cooperazione all'interno del gruppo.

In conclusione, le BRICS hanno il potenziale per svolgere un ruolo significativo nel nuovo ordine mondiale, ma le sfide interne ed esterne potrebbero influenzare il loro percorso futuro. La loro capacità di navigare attraverso queste sfide e capitalizzare sulle opportunità determinerà in larga misura il loro impatto sui cambiamenti globali nei decenni a venire.

Continuazione delle Prospettive Future:

4. **Integrazione Economica:** Le BRICS potrebbero cercare di approfondire l'integrazione economica tra di loro, promuovendo scambi commerciali e investimenti reciproci. L'eliminazione delle barriere commerciali e la standardizzazione delle norme commerciali potrebbero facilitare una maggiore cooperazione economica.

5. **Sviluppo Tecnologico:** La Cina, in particolare, sta facendo progressi significativi nella tecnologia, dall'intelligenza artificiale alla tecnologia 5G. Le BRICS potrebbero cercare di cooperare nella ricerca e nello sviluppo

tecnologico per competere a livello globale in questi settori chiave.

6. **Riforma delle Istituzioni Globali:** Le BRICS continuano a sostenere una riforma delle istituzioni finanziarie internazionali come il FMI e la Banca Mondiale. Potrebbero intensificare gli sforzi per ottenere una maggiore rappresentanza e influenza in queste istituzioni.

7. **Difesa delle Norme Internazionali:** Le BRICS potrebbero impegnarsi a difendere le norme internazionali e il multilateralismo in un momento in cui tali principi sono messi alla prova da crescenti tendenze unilaterali e nazionalistiche.

8. **Sostenibilità Ambientale:** Con l'aumento delle preoccupazioni ambientali, le BRICS potrebbero collaborare più strettamente nella ricerca e nello sviluppo di tecnologie sostenibili e nella lotta al cambiamento climatico.

9. **Gestione delle Crisi Globali:** Le BRICS potrebbero sviluppare capacità di gestione delle crisi globali, come la risposta a pandemie o catastrofi naturali, dimostrando solidarietà e capacità di intervento.

10. **Promozione della Pace e della Sicurezza:** Le BRICS potrebbero cercare di

promuovere la pace e la sicurezza globali attraverso il dialogo, la diplomazia preventiva e la cooperazione nelle operazioni di peacekeeping delle Nazioni Unite.

Le BRICS, pur affrontando sfide e differenze interne, hanno dimostrato una volontà di cooperare su una serie di questioni globali. Il loro impegno a creare un nuovo ordine mondiale basato su principi di equità, cooperazione e sviluppo sostenibile continua a influenzare la politica globale.

L'evoluzione delle BRICS sarà osservata con attenzione poiché il loro ruolo nel nuovo ordine mondiale è destinato a crescere in importanza. Come si adatteranno alle sfide in rapido mutamento e come approfondiranno la loro cooperazione in settori chiave sono questioni cruciali che plasmeranno il loro impatto futuro sulla scena internazionale.

Approfondimento delle Dinamiche BRICS:

11. **Collaborazione Settoriale:** Le BRICS potrebbero cercare di collaborare in settori specifici come l'energia, l'agricoltura, l'istruzione e la sanità. Questa cooperazione settoriale potrebbe portare a sviluppi concreti e benefici tangibili per i cittadini dei paesi membri.

12. **Diplomazia Multi-Track:** Le BRICS potrebbero sfruttare approcci di diplomazia

multi-track, coinvolgendo non solo i governi ma anche la società civile, le imprese e le istituzioni accademiche per promuovere una più ampia comprensione e cooperazione tra i paesi membri.

13. **Investimenti Infrastrutturali:** Un maggiore impegno nel finanziamento e nella realizzazione di progetti infrastrutturali su vasta scala all'interno e tra i paesi BRICS potrebbe portare a un miglioramento delle reti di trasporto, delle telecomunicazioni e dell'accesso all'energia.

14. **Scambi Culturali:** La promozione degli scambi culturali tra i paesi BRICS potrebbe contribuire a una migliore comprensione reciproca e a un'apertura culturale. Questo potrebbe includere festival culturali, programmi di scambio studentesco e promozione delle lingue e delle tradizioni dei paesi membri.

15. **Promozione della Lingua:** Le BRICS potrebbero considerare l'adozione di una lingua comune o la promozione dell'uso delle lingue dei paesi membri nelle relazioni commerciali e diplomatiche per migliorare la comunicazione e la cooperazione.

16. **Partecipazione in Organizzazioni Regionali:** Le BRICS potrebbero cercare di rafforzare la loro presenza e influenza nelle organizzazioni regionali, come l'Unione Africana

o l'Organizzazione degli Stati Americani, per estendere la loro portata e rafforzare le relazioni con altre regioni.

17. **Bilanciare Interessi Nazionali e Collettivi:** Le BRICS affrontano la sfida di bilanciare i propri interessi nazionali con quelli collettivi del gruppo. Trovare un equilibrio tra la sovranità nazionale e la cooperazione multilaterale rimarrà una sfida chiave.

18. **Partecipazione alla Risoluzione dei Conflitti Globali:** Le BRICS potrebbero svolgere un ruolo più attivo nella risoluzione dei conflitti globali, agendo come mediatori o sostenendo gli sforzi diplomatici in aree come il Medio Oriente, l'Africa e l'Asia.

19. **Impegno verso un Mondo Multipolare:** Le BRICS sostengono l'idea di un mondo multipolare in cui nessuna nazione o blocco di nazioni domina. Possono lavorare per promuovere un sistema internazionale più equo e inclusivo.

20. **Monitoraggio e Valutazione:** Le BRICS potrebbero sviluppare meccanismi di monitoraggio e valutazione per misurare l'efficacia delle loro iniziative e assicurarsi che stiano raggiungendo i loro obiettivi.

Le BRICS, con la loro diversità e le loro risorse, continuano a influenzare il panorama globale. La loro capacità di adattarsi alle sfide emergenti e di capitalizzare sulle opportunità determinerà in larga misura il loro impatto sulla politica mondiale e sull'evoluzione del nuovo ordine mondiale.

Approfondimento delle Dinamiche BRICS:

21. **Collaborazione Nell'Innovazione:** Le BRICS potrebbero intensificare la collaborazione nell'ambito dell'innovazione e della ricerca scientifica. Questo potrebbe includere lo scambio di conoscenze e tecnologie avanzate in settori come la medicina, la tecnologia delle energie rinnovabili e l'intelligenza artificiale.

22. **Cooperazione nei Mercati Finanziari:** Le BRICS potrebbero cercare di sviluppare ulteriormente i loro mercati finanziari interni e promuovere la cooperazione nei settori bancario e finanziario. Questo potrebbe includere l'apertura di filiali di istituti finanziari dei paesi BRICS nei rispettivi mercati.

23. **Partecipazione Attiva in Organizzazioni Regionali:** Le BRICS potrebbero aumentare la loro partecipazione e influenza in organizzazioni regionali, come l'ASEAN o il Mercosur, per promuovere una

maggiore cooperazione economica e politica nelle rispettive regioni.

24.   **Promozione dei Diritti Umani:** Le BRICS potrebbero impegnarsi a migliorare la situazione dei diritti umani nei rispettivi paesi e a promuovere standard globali più elevati in questo settore, dimostrando leadership nel rispetto dei diritti umani.

25.   **Diplomazia Sanitaria:** Date le esperienze con epidemie come quella di Ebola e la pandemia COVID-19, le BRICS potrebbero sviluppare una diplomazia sanitaria più efficace per affrontare le sfide sanitarie globali e rafforzare i sistemi sanitari nei paesi membri.

26.   **Cooperazione nel Controllo delle Armi:** Le BRICS potrebbero cercare di promuovere il disarmo nucleare e una maggiore trasparenza nella proliferazione delle armi, contribuendo alla stabilità internazionale.

27.   **Crescita delle Economie Verdi:** L'adozione di strategie di crescita economica verde potrebbe essere al centro delle politiche economiche delle BRICS per affrontare le sfide ambientali e promuovere uno sviluppo sostenibile.

28. **Integrazione Culturale:** La promozione dell'integrazione culturale potrebbe coinvolgere la creazione di centri culturali e scambi artistici tra i paesi membri, contribuendo a una maggiore comprensione delle culture reciproche.

29. **Approfondimento delle Relazioni con l'Africa:** Le BRICS potrebbero intensificare la loro cooperazione con i paesi africani, rafforzando le relazioni politiche, economiche e culturali e contribuendo al progresso dell'Africa.

30. **Collaborazione nell'Intelligenza Artificiale e Nella Cibersicurezza:** Date le sfide crescenti nel campo della sicurezza informatica, le BRICS potrebbero cooperare per affrontare minacce cibernetiche e promuovere l'uso responsabile dell'intelligenza artificiale.

Le BRICS, attraverso la loro cooperazione e il loro impegno, possono influenzare in modo significativo il panorama globale. Il loro impegno per affrontare sfide comuni e promuovere la cooperazione multilaterale rimarrà cruciale per determinare il loro ruolo nel nuovo ordine mondiale.

In conclusione, le BRICS (Brasile, Russia, India, Cina e Sudafrica) rappresentano un gruppo di nazioni emergenti che svolgono un ruolo sempre più rilevante nel contesto del nuovo ordine mondiale. Le dinamiche all'interno delle BRICS e il loro impatto sulla scena globale sono influenzati da una serie di fattori complessi.

Queste cinque nazioni hanno una diversità di interessi, culture, economie e sistemi politici, il che rende la loro cooperazione e il raggiungimento di obiettivi comuni un processo dinamico e sfidante. Tuttavia, le BRICS hanno dimostrato la capacità di lavorare insieme su questioni di interesse condiviso, come la riforma delle istituzioni finanziarie internazionali e la promozione dello sviluppo sostenibile.

Le BRICS hanno un impatto significativo sulla politica economica globale. Hanno contribuito a cambiare l'equilibrio di potere economico verso le economie emergenti e stanno diventando sempre più influenti nei negoziati commerciali internazionali. L'apertura dei loro mercati e la promozione degli investimenti reciproci hanno favorito il commercio e la crescita economica.

Sul fronte politico, le BRICS hanno cercato di svolgere un ruolo costruttivo nella risoluzione dei conflitti globali e nella promozione di un ordine mondiale più equo. Tuttavia, devono affrontare sfide come le differenze nelle loro politiche estere e le questioni legate ai diritti umani.

Nel settore dell'innovazione e della tecnologia, le BRICS stanno diventando hub importanti per la ricerca e lo sviluppo. La loro collaborazione in settori ad alta tecnologia come l'intelligenza artificiale e le energie rinnovabili è fondamentale per il progresso globale.

Le BRICS hanno anche un ruolo cruciale nella promozione dello sviluppo sostenibile e nella lotta al cambiamento climatico. Le politiche sostenibili adottate dai membri del gruppo possono servire da esempio per altre nazioni.

In sintesi, il futuro delle BRICS sarà determinato dalla loro capacità di bilanciare gli interessi nazionali con quelli collettivi, di affrontare le sfide emergenti come la tecnologia e l'ambiente, e di svolgere un ruolo costruttivo nel contesto del nuovo ordine mondiale. La cooperazione all'interno delle BRICS continuerà a essere cruciale per affrontare le sfide globali e promuovere un mondo multipolare e inclusivo.

In questa opera, abbiamo esplorato in dettaglio il ruolo delle BRICS nel contesto del nuovo ordine mondiale. Le BRICS, composte da Brasile, Russia, India, Cina e Sudafrica, rappresentano un gruppo di nazioni emergenti che stanno giocando un ruolo sempre più rilevante sulla scena globale. Abbiamo analizzato una serie di aspetti chiave relativi a questo argomento, tra cui:

1. **Introduzione alle BRICS:** Abbiamo iniziato con una panoramica delle BRICS, definendole e delineandone la storia e l'evoluzione.

2. **Economia delle BRICS:** Abbiamo esaminato in dettaglio le economie di ciascun membro e il loro impatto globale, evidenziando le sfide e le opportunità.

3. **Politica delle BRICS:** Abbiamo esaminato le politiche interne ed esterne dei paesi BRICS, comprese le dinamiche delle loro relazioni bilaterali.

4. **Rapporti Internazionali:** Abbiamo analizzato le relazioni delle BRICS con altri attori globali, come gli Stati Uniti, l'Unione Europea e altri gruppi regionali.

5. **Nuovo Ordine Mondiale:** Abbiamo definito il concetto di nuovo ordine mondiale e come le BRICS stanno contribuendo a plasmarlo.

6. **Impatto delle BRICS sul Nuovo Ordine Mondiale:** Abbiamo esaminato come le BRICS influenzano l'equilibrio di potere globale, la politica economica e le dinamiche geopolitiche.

7. **Tecnologia e Innovazione:** Abbiamo analizzato il ruolo delle BRICS nello sviluppo tecnologico e nell'innovazione, esplorando le sfide e le opportunità.

8. **Sviluppo Sostenibile:** Abbiamo esaminato le politiche e le pratiche di sviluppo sostenibile

adottate dalle BRICS e il loro impatto sull'ambiente.

9. **Disuguaglianze e Disparità:** Abbiamo esaminato le disuguaglianze all'interno e tra i paesi BRICS e le sfide correlate.

10. **Conflitti e Cooperazione:** Abbiamo analizzato i conflitti e le aree di cooperazione tra i membri delle BRICS.

11. **Cambiamento Climatico:** Abbiamo esaminato il ruolo e la responsabilità delle BRICS nel contesto del cambiamento climatico.

12. **Strategie di Difesa e Sicurezza:** Abbiamo esaminato le politiche di difesa e sicurezza delle BRICS nel nuovo ordine mondiale.

13. **Cultura e Società:** Abbiamo esplorato l'impatto delle culture e delle società delle BRICS sul mondo.

14. **Istituzioni Finanziarie:** Abbiamo esaminato il ruolo delle istituzioni finanziarie delle BRICS, come la Banca dei BRICS.

15. **Commercio Internazionale:** Abbiamo analizzato il ruolo delle BRICS nel commercio internazionale e le implicazioni economiche.

16. **Globalizzazione vs Nazionalismo:** Abbiamo discusso di come le BRICS bilanciano la globalizzazione e il nazionalismo.

17. **Diritti Umani:** Abbiamo analizzato la situazione dei diritti umani nei paesi BRICS.

18. **Futuro delle BRICS:** Abbiamo esaminato le prospettive e le sfide future per le BRICS nel nuovo ordine mondiale.

19. **Casi di Studio:** Abbiamo condotto un'analisi dettagliata di specifici casi di studio relativi alle BRICS.

20. **Conclusione:** Infine, abbiamo riflettuto sul ruolo delle BRICS nel nuovo ordine mondiale e sui possibili scenari futuri.

Per ulteriori approfondimenti e risorse, è possibile consultare siti web di organizzazioni internazionali come l'UNESCO, il Fondo Monetario Internazionale (FMI), l'Organizzazione Mondiale del Commercio (OMC) e il sito web ufficiale delle BRICS. Inoltre, libri, articoli accademici e rapporti di ricerca possono essere utili fonti per approfondire ulteriormente questo argomento. Questo libro fornisce una panoramica completa delle BRICS e delle loro dinamiche, ma invita anche i lettori a continuare ad esplorare questo tema affascinante attraverso risorse aggiuntive.